Price Monitoring Report, 2016

Price Monitoring Group People's Bank of China

2016年

价格监测分析报告

中国人民银行价格监测分析小组

中国财经出版传媒集团
经济科学出版社
Economic Science Press

2016年价格监测分析小组

组　　长：徐　忠　陆　磊

副 组 长：李　波　邢毓静　纪志宏　宣昌能　盛松成
朱　隽　霍颖励　陶　玲　阮健弘　金鹏辉
王均坦　刘振海　董龙训

报告总纂：徐　忠　陆　磊　刘向耘

报告执笔：张怀清　陈　俊　马志扬　高　宏　赵　阳
彭江波　郑录军　王兆旭　王　冲

报告合作：中国人民银行济南分行
中国人民银行西安分行

卷首语

2016年，世界经济和贸易增速达到7年来最低，国际金融市场波动加剧，地区和全球性挑战突发多发。我国国内改革进入攻坚期，结构性问题突出，经济增长动力不足。面对困难和挑战，政府继续创新和加强宏观调控，依靠改革创新稳增长、调结构、防风险；着力抓好“三去一降一补”，改善供给结构；大力深化改革开放，进一步增强发展活力；强化创新引领，培育和发展新动能，经济运行缓中趋稳、稳中向好，国内生产总值（GDP）全年增长6.7%。

2016年价格水平总体高于上年。居民消费价格（CPI）同比上涨2.0%，较上年回升0.6个百分点。食品价格同比上涨4.6%，涨幅较上年提高2.2个百分点；非食品价格同比上涨1.4%，涨幅较上年提高0.4个百分点。工业生产者出厂价格（PPI）同比下跌1.3%，跌幅较上年收窄3.9个百分点；其中，生产资料价格同比下跌1.7%，跌幅较上年收窄5个百分点，生活资料价格同比涨幅为零，与上年基本持平。从价格波动特征看，CPI波动相对温和，总体呈“U”型态势，低值出现在年中；PPI同比呈逐月回升态势，自1月份的-5.3%逐月上升到12月份的5.5%，且下半年涨幅由负转正后有加速迹象。

导致价格走势变化的主要原因有以下几方面。一是房地产投资明显回暖，房地产销售市场火爆甚至过热，带动房地产投资增速从2015年的1%大幅上升到2016年的6.9%。二是供给侧调整导致工业品供给端明显收缩，2016年钢铁和煤炭行业产能分别压缩4500万吨、2.5亿吨，短期供需失衡导致钢铁、煤炭为代表的中上游工业品价格显著上涨，是PPI回升的直接原因。三是国际大宗商品价格低位企稳并震荡反弹，2016年CRB工业原料指数同比上涨23.1%，我国进口价格指数全年上涨23.4%，输入性通胀压力加大，增强了国内价格水平上涨动力。四是猪肉价格是影响CPI的重要因素，2016年度猪肉价格大幅上涨，是推升CPI的重要原因。

展望2017年，价格总水平将温和上涨，CPI和PPI有所分化，CPI涨幅将略低于2016年，PPI涨幅将由负转正。从国际上看，全球经济总体向好，增长动能趋强，美国、欧洲等发达经济体增速将有所加快，我国出口需求有望恢复性增长。国际大宗商品价格在经历2016年明显反弹后，继续强劲上涨的可能性较低，预计将呈现震荡走势，我国输入型通胀压力将有所减轻。从国内看，供给侧改革持续推进，叠加环保趋严，部分中上游工业品价格仍有继续上升的动力。房地产市场过热引致政府收紧房地产调控政策，房地产投资预计将有所回调，对价格的拉升作用有所弱化。“猪周期”进入下行期，预计2017年猪肉价格将有所下跌，拉低食品价格涨幅。总体看，2017年价格总水平将温和上涨，CPI维持相对低位，PPI同比涨幅呈明显上涨态势。

在经济新常态下，未来价格走势将呈现出新的特征和变化，需要深入分析和研究。一是全球经济增长动力变强，美联储货币政策逐步正常化，资产负债表“缩表”预期日益明朗，欧央行等部分发达经济体宽松货币政策未来或将边际收紧甚至部分退出，发达经济体货币政策和国际流动性变化，叠加国内金融去杠杆和防风险措施，对国内外价格和通胀预期的影响需要进一步思考。二是我国经济增长动力逐步转变，消费替代投资，对经济起到最大拉动作用，服务业对经济增长的贡献率也超越制造业，叠加人口老龄化加剧的影响，借鉴发达国家的经验，我国价格变化的中枢或将维持中低位，波动率有所降低，低位波动或成为新常态。三是经济L型阶段，供给对价格的影响有所强化，考虑到产能过剩仍是短中期内经济中的突出问题，供给侧结构性改革将继续深化，部分工业品价格的供需基础可能发生明显变化，对PPI的波动仍将产生一定程度的影响，未来值得深入研究。四是经济转型导致价格驱动的主要因素有所变化，服务业价格变化对CPI的影响增强，未来需要加强对服务业价格的分析和监测，以准确把握价格结构性变化的特征。

自2004年以来，中国人民银行价格监测分析小组持续跟踪价格形势，撰写并定期向货币政策委员会的季度例会提供《价格监测分析报告》，尽量全面地分析价格变动的内在逻辑和准确地把握未来价格变动趋势，为货币政策决策提供重要参考。本书即是2016年各季度《价格监测分析报告》的年度合集，还包括了当前“猪周期”的特征变化及走势分析等专题，有助于增强读者对我国价格及宏观经济形势变化的了解。由于时间和水平所限，书中疏漏之处在所难免，欢迎各位读者批评和指正，我们将积极采纳和努力完善！

目录

第一部分

2016年第1季度价格监测分析

主要观点和结论

2016年1~2月，价格水平总体回升。CPI同比涨幅连续提高，环比涨幅扩大。食品价格上涨较快，非食品价格走势基本稳定。PPI环比降幅和同比降幅均有所收窄。国际油价反弹，大宗商品价格总体上涨。国内一线城市房价上涨较快，股票价格大跌后有所回升。

从近期价格变动的直接原因看，天气、春节等因素影响供需，导致猪肉和鲜菜价格大幅上涨，带动CPI涨幅回升。企业补库存与去产能、低库存叠加，导致钢材、铁矿石、煤炭等产品价格短期快速上涨，加之国际大宗商品价格反弹，PPI跌幅有所收窄。从宏观上看，近期一系列稳增长、调结构、去产能、去库存的政策促进了需求企稳和预期改善，为价格回升奠定了基础。

未来价格波动受多方面因素影响，包括经济企稳势头是否稳固、农产品价格变化、国际大宗商品价格走势以及经济政策的变化等。总体来看，食品价格可能上行，国际大宗商品价格可能呈低位波动态势；尽管经济仍存在下行压力，但宏观经济政策将有助于经济稳定。预计CPI涨幅总体有所上行，全年涨幅在2%左右；PPI降幅总体收窄，全年降幅在4%左右。

（本部分完成于2016年3月26日）

一、价格形势

■ 2016年前两个月，价格水平总体回升。CPI同比涨幅连续提高，环比涨幅扩大。食品价格上涨较快，非食品价格走势基本稳定。PPI环比降幅和同比降幅均有所收窄。国际油价反弹，大宗商品价格总体上涨。国内一线城市房价上涨较快，股票价格大跌后略有回升。

（一）价格涨幅出现回升

1. 居民消费价格涨幅回升

CPI同比涨幅连续4个月回升。自2014年9月份以来，CPI同比涨幅除在2015年8月触及2%之外，其余时间持续运行在2%以下区间。自2015年11月份开始，CPI同比涨幅连续4个月上升，2016年2月份达到2.3%，涨幅比上个月提高0.5个百分点，为近19个月新高（见图1－1）。

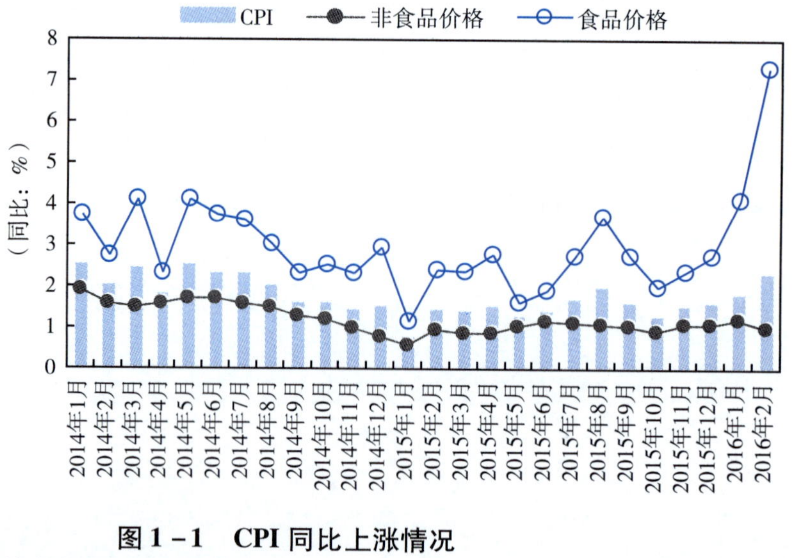

图1－1 CPI同比上涨情况

资料来源：国家统计局。

食品价格上涨较快，非食品价格走势基本稳定。自 2015 年 11 月份以来，食品价格涨幅显著加快，2016 年 2 月份同比上涨 7.3%，比上个月加快 3.2 个百分点，为 2012 年 4 月份以来最大涨幅。推动食品价格上涨的主要因素是畜肉类价格和鲜菜价格大幅上涨以及蛋价回升。2016 年 1 月、2 月份，畜肉类价格分别上涨 10.8% 和 15.1%，分别拉动 CPI 上涨 0.47 和 0.65 个百分点；而畜肉类中的猪肉价格上涨尤为明显，1 月、2 月份同比涨幅分别达到 18.8% 和 25.4%，对 CPI 的拉动作用分别为 0.44 和 0.59 个百分点。鲜菜价格大幅上涨，1 月、2 月份分别上涨 14.7% 和 30.6%，对 CPI 的拉动作用分别为 0.37 和 0.86 个百分点。蛋价格降幅较前几个月明显收窄，对 CPI 的拉动作用分别为 -0.03 和 -0.02 个百分点。水产品价格涨幅略有扩大，对 CPI 的拉动作用由 0.05 个百分点扩大到 0.06 个百分点。而鲜果价格降幅略有扩大，对 CPI 的拉动作用由 -0.12 个百分点扩大到 -0.15 个百分点。非食品价格走势基本稳定，2016 年 2 月份同比上涨 1.0%，涨幅比上个月回落 0.2 个百分点（见图 1-2）。

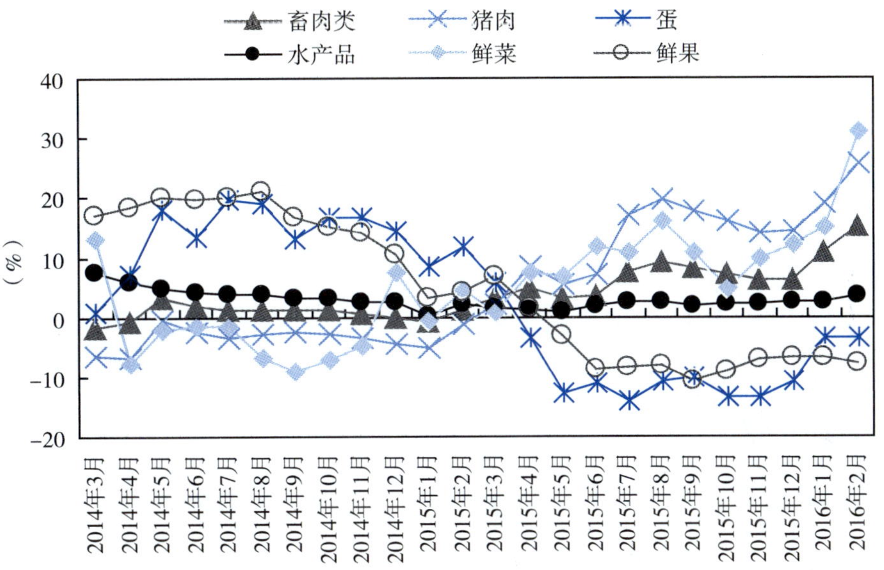

图 1-2　部分食品价格上涨情况

资料来源：国家统计局。

翘尾因素显著回落，新涨价因素大幅上升。2016 年 2 月份，翘尾因素为 0.2%，较上个月回落 0.9 个百分点，对 CPI 同比涨幅的贡献度由 72.2% 下降至 8.7%；新涨价因素为 2.1%，较上个月上升 1.6 个百分点，对 CPI 同比涨幅的贡献度由 27.8% 提高到 91.3%（见图 1-3）。

CPI 环比涨幅与历史同期均值之差有所扩大。2015 年 9 月份后，CPI 环比涨幅持续低于或持平于历史同期均值，2016 年 2 月份结束了这一情形。2016 年 2 月份，CPI 环比上涨 1.6%，涨幅较上个月扩大 0.9 个百分点，比 2001～2015 年春节所在月份环比平均值高 0.3 个百分点。其中，食品价格环比上涨 6.7%，涨幅较上个月扩大 4.7 个百分点，比历史均值高 3.3 个百分点；非食品价格环比上涨 0.3%，涨幅较上个月扩大 0.1 个百分点，比历史均值高 0.1 个百分点（见图 1-4）。

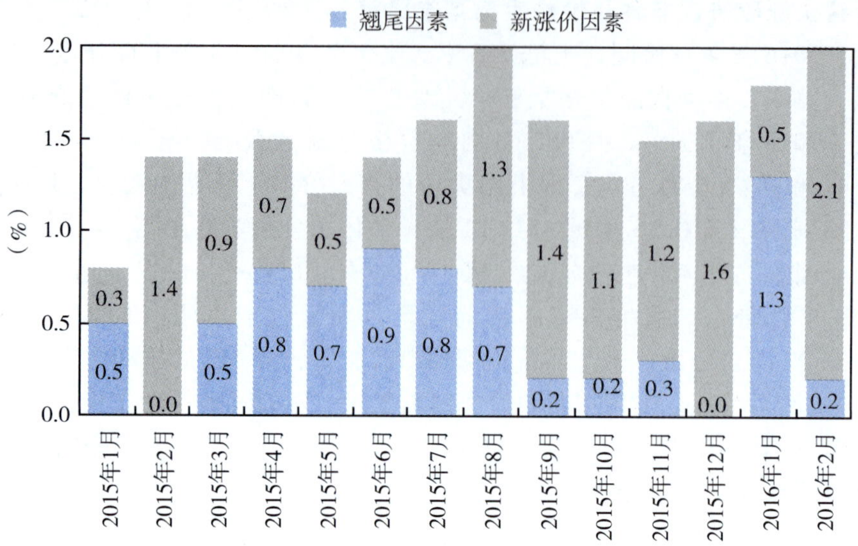

图 1-3 翘尾因素和新涨价因素

资料来源：国家统计局。

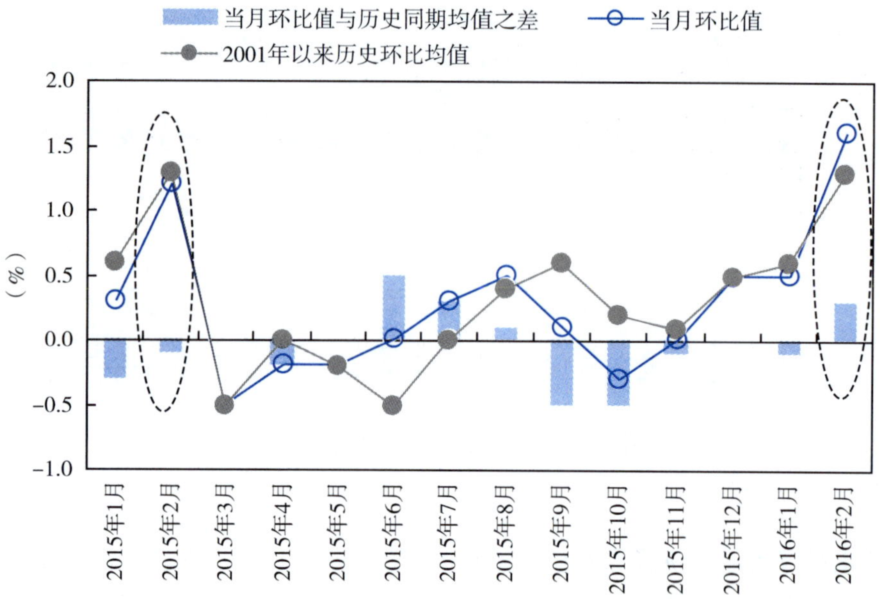

图 1-4 CPI 环比与历史均值比较

注：2016 年 1 月、2 月份对应的历史同期环比均值分别为春节前一个月和春节所在月份均值。

资料来源：国家统计局。

2. 工业生产者价格降幅有所收窄

PPI 同比连续 48 个月位于负值区间，2015 年 8 月份后，PPI 同比连续 5 个月保持在 -5.9% 的水平上，进入 2016 年后开始收窄。2016 年 2 月份，PPI 同比下降 4.9%，降幅比上个月缩小 0.4 个百分点。其中，生产资料价格同比下降 6.5%，降幅比上个月缩小 0.4 个百分点，影响PPI下降约4.8个百分点；生活资料价格同比下降0.4%，降幅比上个月缩小0.1个百分点，影响PPI下降约0.1个百分点。

自2014年1月份以来，PPI环比已连续26个月处于负值区间。2016年2月份，PPI环比下降0.3%，降幅比上个月缩小0.2个百分点。尽管新涨价因素为负的程度有所加深，但翘尾因素为负的程度却显著减轻，PPI同比降幅总体减缓。2016年2月份，新涨价因素为-0.8%，较上个月扩大0.3个百分点，对PPI同比降幅的贡献度由9.4%提高到16.3%；翘尾因素为-4.1%，比上个月缩小0.7个百分点，对PPI同比降幅的贡献度由90.6%下降到83.7%（见图1-5）。

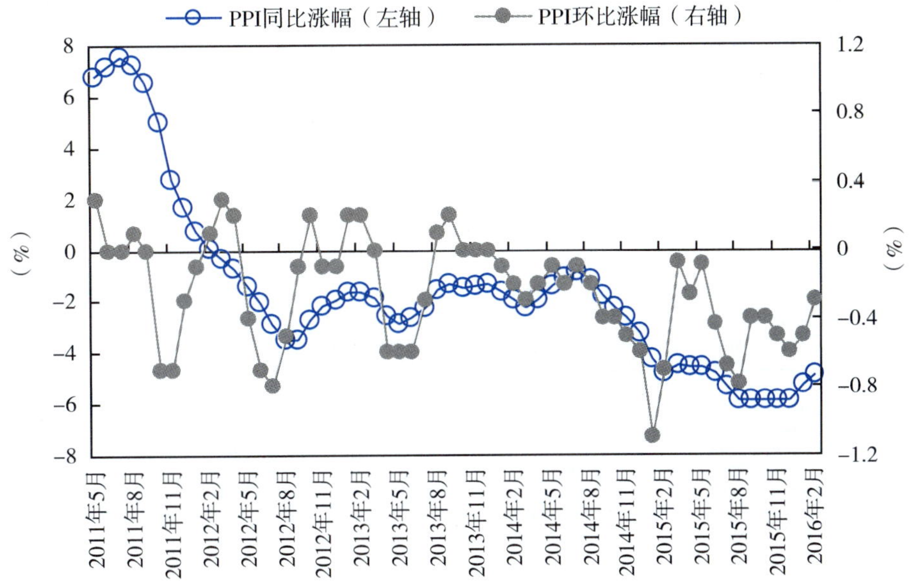

图1-5　工业生产者出厂价格走势

资料来源：国家统计局。

3. 企业商品价格降幅有所缩小

中国人民银行监测的企业商品价格（CGPI）同比自2012年4月份以来持续位于负值区间。2016年2月份，CGPI同比下降6.1%，比上个月缩小0.5个百分点，降幅已连续三个月缩小。其中，农产品价格同比上涨5.6%，涨幅比上个月扩大0.9个百分点；矿产品价格同比下降10.3%，降幅比上个月缩小1.5个百分点；煤油电同比下降14.3%，降幅比上个月缩小0.2个百分点（见图1-6）。

4. 出口价格下跌较明显，进口价格降幅有所加深

2016年1月份，出口价格同比下跌6.1%，跌幅比上个月扩大3.2个百分点，为2009年12月份以来最大跌幅。进口价格同比下降13.1%，降幅比上个月加深0.7个百分点，已连续3个月小幅扩大（见图1-7）。

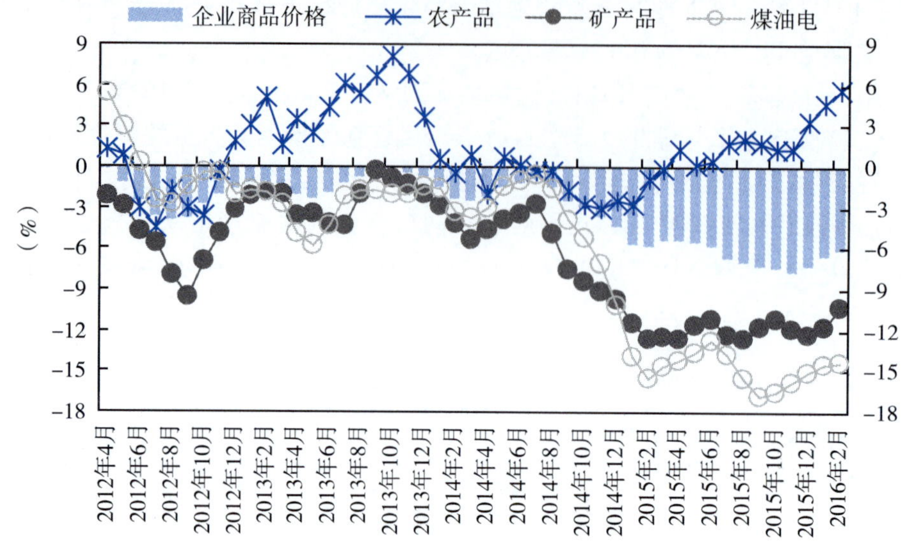

图1-6　企业商品价格走势

资料来源：中国人民银行。

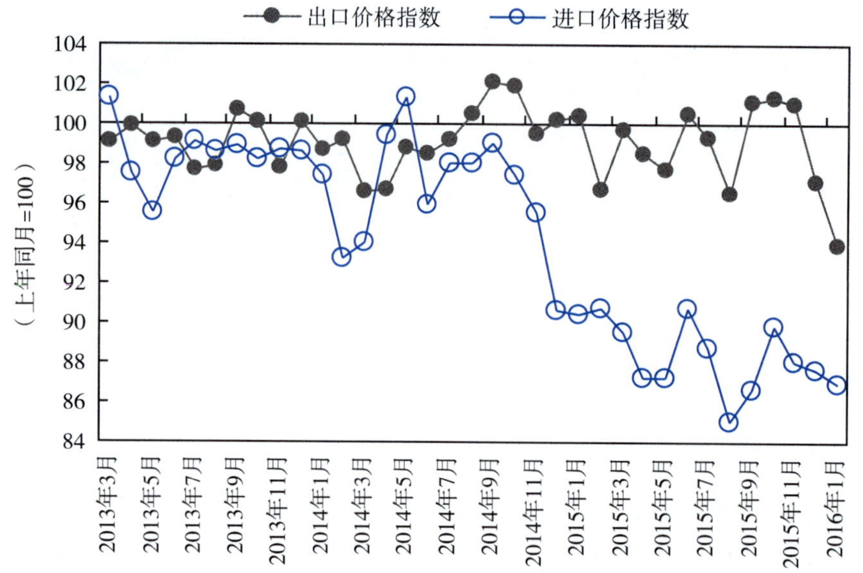

图1-7　进出口价格走势

资料来源：海关总署。

（二）国际大宗商品价格总体上涨

1. CRB商品价格指数有所反弹

进入2016年后，CRB商品价格指数总体延续了自2015年10月中旬以来的震荡下跌走势，2月11日达到155.01的低点后，开始有所反弹。3月11日，RJ/CRB商品价格指数为

173.53，较2月11日反弹18.52，反弹幅度达11.9%（见图1－8）。

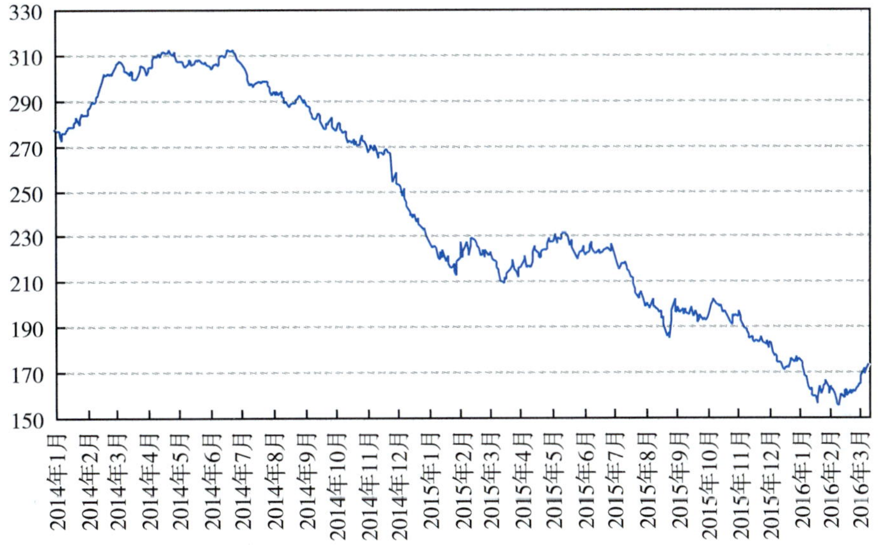

图1－8 RJ/CRB商品价格指数走势

资料来源：WIND。

2. 国际原油价格低位回升

2016年以来，国际原油价格继续震荡走低，2月11日，布伦特原油期货价格和WTI原油期货价格分别收于每桶30.06美元和26.21美元的低点，此后出现回升。3月10日，布伦特原油期货价格和WTI原油期货价格分别收于每桶40.39美元和38.50美元，较2月11日分别上涨34.4%和46.9%（见图1－9）。

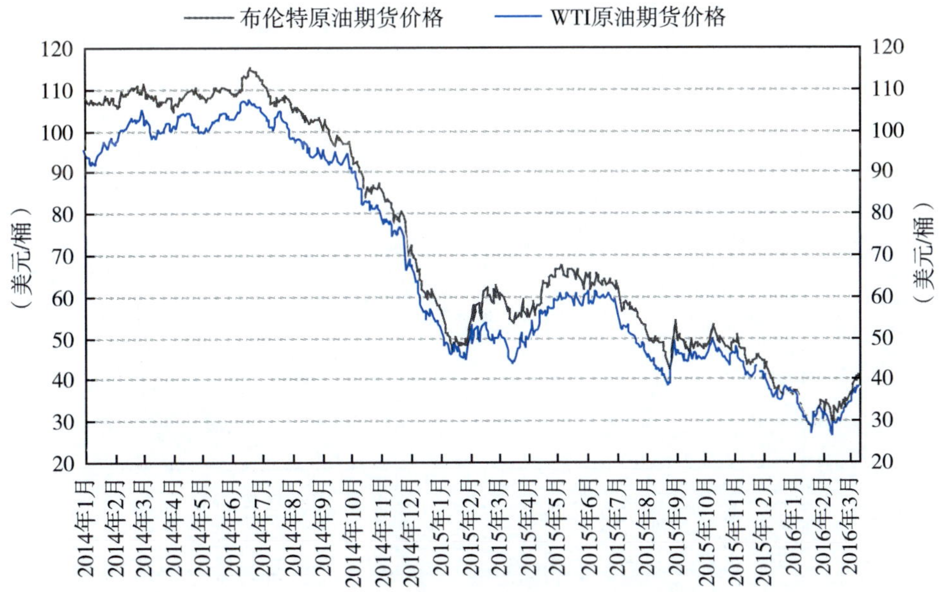

图1－9 国际原油期货价格走势

资料来源：WIND。

3. 铁矿石价格较快上涨

普氏铁矿石价格指数（62% Fe：CFR 中国北方）于 2015 年 12 月 10 日达到 38.6 美元/干吨的低点后，略有回升并呈现震荡盘整态势至 2016 年 1 月 14 日。此后逐渐走高，3 月 7 日达到 64.2 美元/干吨的近期高点后又有所回落。3 月 11 日收于 56.2 美元/干吨，较 1 月 14 日上涨 16.95 美元，涨幅达 43.2%（见图 1－10）。

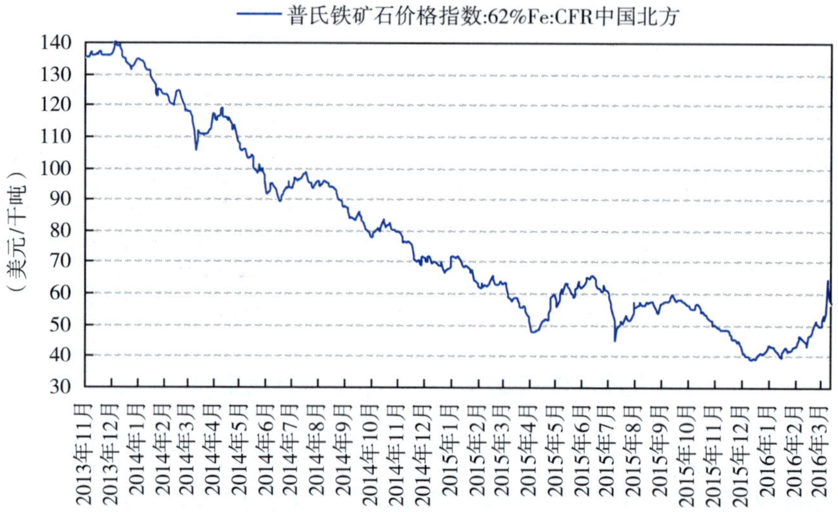

图 1－10　铁矿石价格走势

资料来源：WIND。

4. 主要有色金属价格小幅震荡上行

2015 年 12 月以来，国际铜和铝价格总体呈现震荡盘整走势，2016 年 1 月 11 日开始波动上行。3 月 11 日，LME 铜和铝价格分别为每吨 4986.5 美元和 1551.75 美元，较 1 月 11 日分别上涨 6.6% 和 13.9%（见图 1－11）。

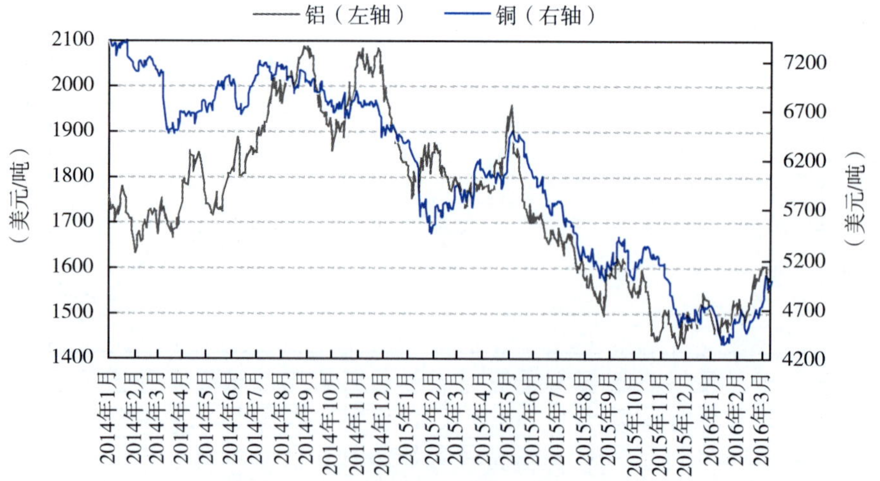

图 1－11　LME 铜和铝价格走势

资料来源：CEIC。

5. 主要农产品价格总体走低

2016年以来，CBOT大豆、玉米和小麦期货价格总体延续了自2015年9月份以来的小幅波动走势，稻米价格延续了自2015年10月上旬以来的下行走势。3月11日，CBOT大豆、玉米、小麦期货价格较2015年9月初分别上涨-0.9%、0.8%和-2.9%，稻米期货价格较2016年初下跌11.4%（见图1-12）。

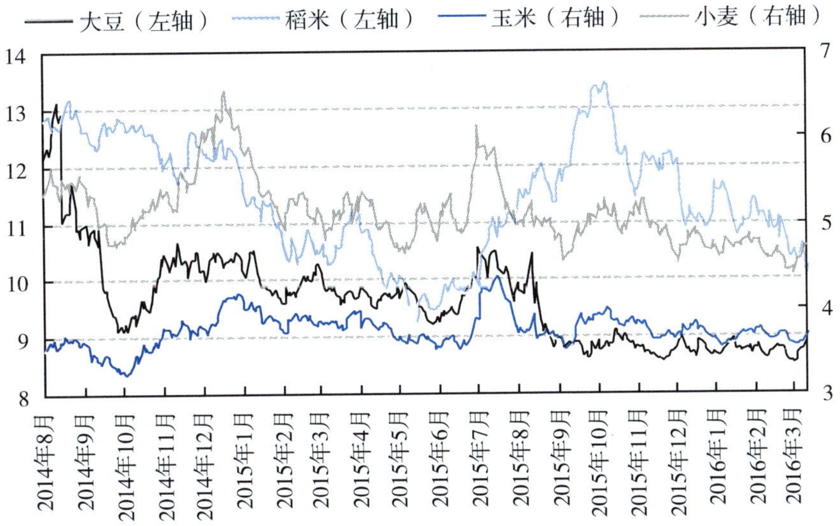

图1-12 CBOT粮食价格走势

注：图中大豆、玉米、小麦价格单位为美元/蒲式耳，稻米价格单位为美元/英担。

资料来源：CEIC。

（三）资产价格有涨有跌

1. 一线城市新建住宅价格环比涨幅总体扩大

2016年2月份，一线城市新建住宅价格环比上涨总体有所加快。从新建住宅看，北京、上海、广州、深圳价格分别环比上涨2.1%、2.4%、1.6%和3.5%，其中，北京、上海、广州涨幅较上个月分别高1.1、0.2、0.8个百分点，深圳涨幅较上个月回落0.5个百分点。从二手住宅看，北京、上海、广州、深圳价格分别环比上涨3.2%、5.3%、1.2%和3.3%，其中北京、上海涨幅较上个月分别高0.9、2.6个百分点，广州、深圳涨幅较上个月分别回落0.1、2.4个百分点（见图1-13）。

2. 股票价格大跌后有所回升

股票价格经过2016年年初的大幅下跌后，2月份以来走势总体相对平稳。3月11日，上证综合指数收于2810.31点，较年初下跌485.95点，跌幅达14.7%，较2月初上涨121.45点，涨幅达4.5%；上交所平均市盈率为14.17倍，较年初下降13.8%，较2月初上升5%（见图1-14）。

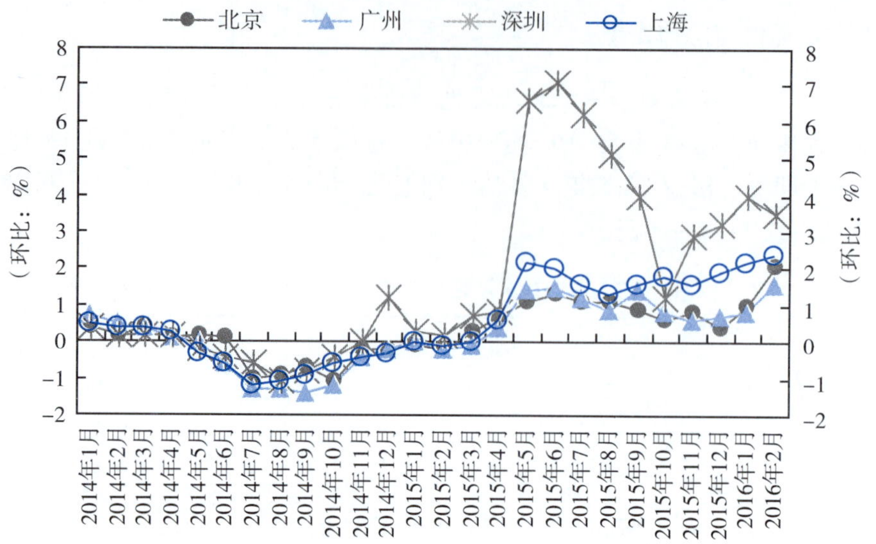

图 1－13　一线城市新建住宅价格环比变动情况

资料来源：国家统计局。

图 1－14　上证指数和上交所平均市盈率走势

资料来源：WIND。

3. 中债指数总体有所下行，债券收益率总体略有上行

中债总净价指数和中债国债总净价指数于 2016 年 1 月 13 日分别达到 120.23 和 121.13 的高点，此后开始较快下跌，1 月 28 日达到下跌低点后，前者呈横盘震荡态势，后者波动略有走高。3 月 11 日，中债总净价指数和中债国债总净价指数分别为 119.49 和 120.69，较 1 月 13 日分别下跌 0.6% 和 0.4%，较 1 月 28 日分别上涨 0.2% 和 0.6%。1 月末，不考虑隔夜收益率，银行间固定利率国债、政策金融债、企业债（AAA）和中短期票据（AAA）各关键期限点较上月末平均上行 1.61BP、9.68BP、3.68BP 和 5.94BP（见图 1－15）。

图1－15　中债指数走势

资料来源：WIND。

二、成因分析

■ 从近期价格变动的直接原因看，天气、春节等因素影响供需，导致猪肉和鲜菜价格大幅上涨，带动CPI涨幅回升。企业补库存与去产能、低库存叠加，推动钢材、铁矿石、煤炭等产品价格短期快速上涨，加之国际大宗商品价格反弹，PPI跌幅有所收窄。从宏观上看，近期一系列稳增长、调结构、去产能、去库存的政策促进了需求企稳和预期改善，为价格回升奠定了基础。

（一）猪肉和鲜菜价格大幅上涨推动CPI回升

2016年2月，食品价格同比涨幅创下2012年4月以来的新高，猪肉和鲜菜价格大涨是拉升食品价格的主因。2016年1月、2月份，猪肉和鲜菜价格对CPI的拉动作用均远远高于过去四年的平均水平（见图1－16）。

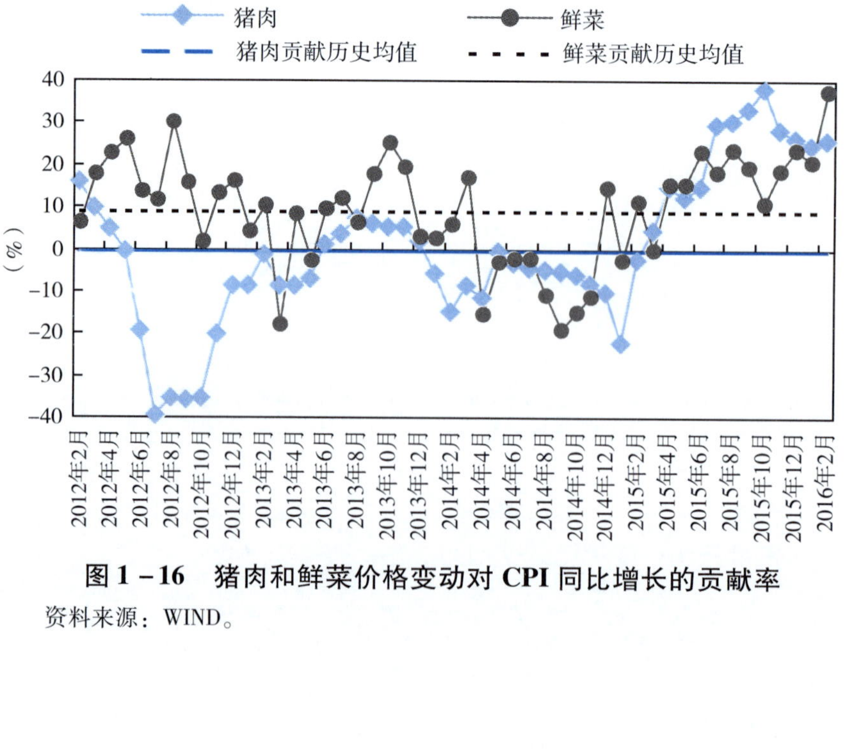

图1－16　猪肉和鲜菜价格变动对CPI同比增长的贡献率

资料来源：WIND。

1. 受供需两方面因素影响猪肉价格再创新高

2016年1~2月，猪肉价格持续上涨，尤其是春节期间再创新高。从周数据看，春节期间，22个省（区、市）猪肉均价达到27.55元/千克，超过2015年8月27.49元/千克的高点，创下2011年11月以来的新高。生猪均价也达到18.55元/千克，仅次于2015年8月18.70元/千克的高值（见图1－17）。

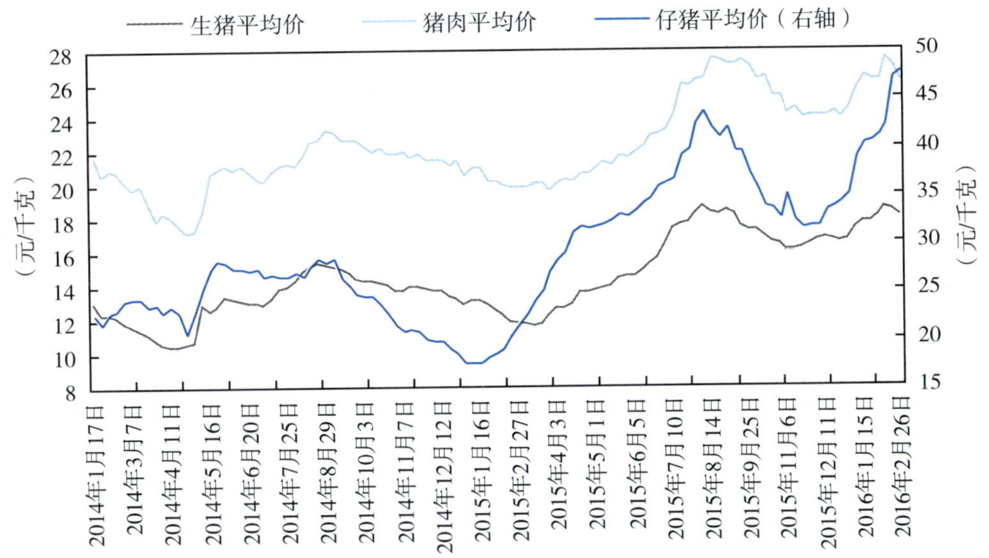

图1－17　22个省（区、市）猪肉、生猪、仔猪平均价

资料来源：WIND。

猪肉价格上涨有供求两方面的原因。从需求角度看，春节前后，猪肉进入消费旺季。从供给角度看，由于过去两年生猪养殖行业处于亏损状态，养殖户补栏保持谨慎，加之2015年新修订实施的《环境保护法》提高了畜禽养殖标准，生猪存栏总体呈下降趋势。2016年2月，生猪存栏量环比减少1.8%，存栏量连续4个月下行，同比减少5.5%，已经连续27个月减少；能繁母猪存栏量环比减少0.6%，存栏量连续30个月下降，同比减少7.9%。此外，2016年1月份以来，多个地区爆发较为严重的口蹄疫和腹泻等猪病，其影响程度已达到2012年大规模仔猪腹泻过后最为严重的级别。与2013、2014、2015年生猪低发病率、低死亡率不同的是，近2个月以来死亡率明显提高，这也加剧了生猪短期供给不足的状态。

2. 鲜菜价格受天气、春节等因素影响上涨明显

2016年1~2月鲜菜价格累计上涨23.2%。其中，1月、2月份同比分别上涨14.7%、30.6%，环比分别上涨7.2%、29.9%。2月份环比涨幅也创下了2008年3月以来的月度最高涨幅（见图1－18、图1－19）。

图 1－18　鲜菜批发价格指数

资料来源：WIND。

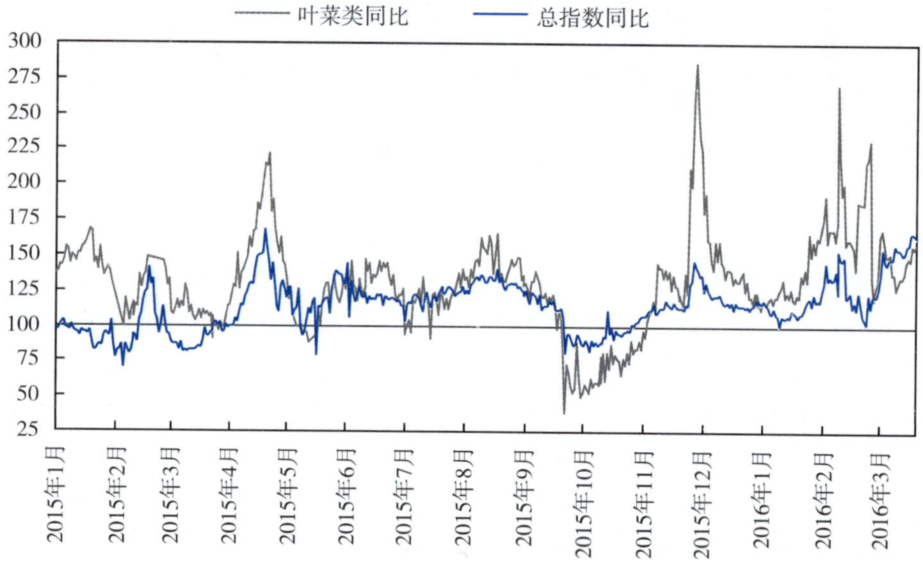

图 1－19　山东蔬菜批发价格指数同比涨幅

资料来源：WIND。

受春节、元旦等节日因素影响，1 月、2 月份鲜菜消费需求旺盛，环比价格涨幅较高属于周期性现象。一般而言，除夕之后菜价便逐步下跌，但 2016 年春节假期菜价一直处于高位，未见下跌，其原因在于，1 月、2 月份的超级寒潮推高了鲜菜价格。2016 年 1 月和 2 月中旬，全国大部分地区遭遇大风降温和雨雪天气，鲜菜的生长和运输均受到严重影响，供应紧张推动菜价上升，受寒潮影响最大的叶菜类价格更是大幅上涨。

（二）大宗商品价格反弹和短期供求调整带动PPI降幅收窄

1. 大宗商品价格反弹减缓了PPI下行压力

受全球流动性过剩、美元升势减缓以及原油、铁矿石等供给减少的影响，2016年1～2月，国际大宗商品价格总体结束快速下跌行情，出现触底企稳迹象，影响PPIRM同比降幅收窄，并带动部分工业行业出厂价格涨幅扩大或降幅缩小。1月、2月份，有色金属矿采选业价格环比分别上涨0.6%和1.2%，黑色金属冶炼和压延加工业、有色金属冶炼和压延加工业价格环比也呈正增长。此外，虽然国际原油价格在1～2月期间仍处于低位，但2016年1月，国家发改委为成品油价格调整设定“地板价”，当国际油价低于40美元/桶时，汽、柴油最高零售价格不再降低，这减轻了国际市场油价波动对国内市场的影响，对减缓石油行业产品价格下跌形成支撑。2016年1～2月，石油加工、炼焦和核燃料加工业价格同比下跌13.9%，跌幅比上年同期大幅收窄9.4个百分点。

2. 短期供需调整推动部分上游产品价格上涨

工业品价格持续下降及企业盈利状况恶化迫使产能过剩行业生产减缓。以钢铁行业为例，2015年11月份和12月份，钢铁行业经历了全行业大规模亏损，亏损额分别高达186亿元和224亿元，销售利润率分别为－8.22%和－8.95%。在亏损的倒逼下，钢铁企业限产力度加大。2015年12月，中央经济工作会提出，2016年及今后一个时期，着力加大供给侧结构性改革，并提出了去产能、去杠杆、去库存、降成本、补短板五大任务。之后钢铁、煤炭行业供给侧改革细则陆续出台，预计从2016年开始，用5年时间，再压减粗钢产能1亿～1.5亿吨；用3年至5年时间，再退出煤炭产能5亿吨左右、减量重组5亿吨左右。这些政策措施强化了市场去产能预期，进一步推动了钢材、煤炭等方面供给的收缩。从2015年12月份至2016年2月份，全国粗钢日均产量始终维持在200万吨以下，全国163家钢厂的高炉开工率也维持在75%以下。受此影响，钢铁库存显著下降，2016年1月上旬社会钢铁库存降至855.96万吨，为2008年12月以来历史最低。

在供给侧收缩的同时，需求侧也出现短期改善迹象。“十三五”开局之年，稳增长政策力度加大，房地产投资回升等为市场注入良好预期，企业和贸易商出现明显补库存行为。如钢铁库存在1月中旬后持续回升，3月11日达到1209.5万吨。在此情况下，钢材以及铁矿石、煤炭、有色金属等上游产品价格出现回升（见图1－20、图1－21）。

（三）总需求出现企稳迹象

1. 投资增速企稳回升

2016年1～2月份，全国固定资产投资累计同比增长10.2%，增速比2015年全年提高

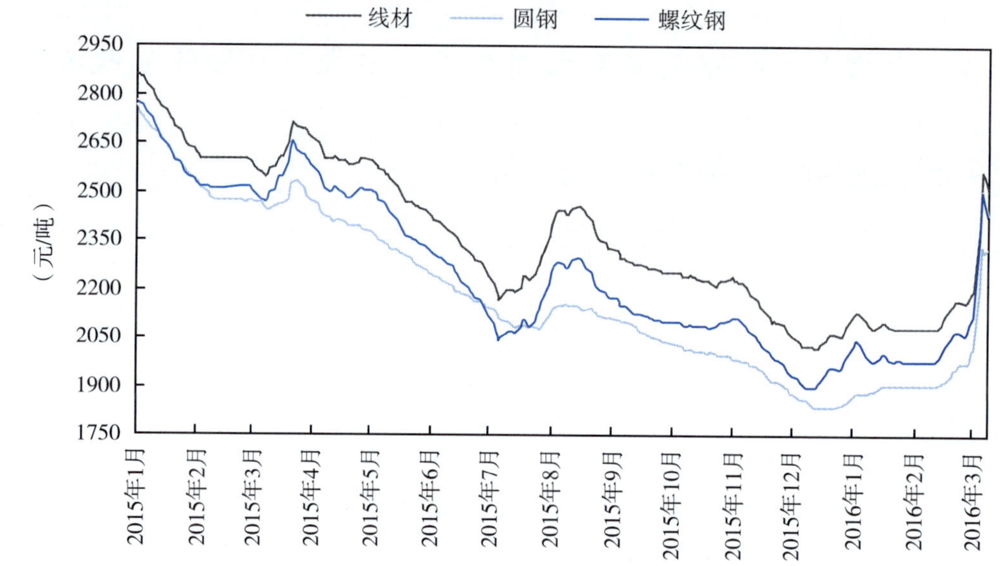

图 1－20　钢铁价格变动趋势

资料来源：WIND。

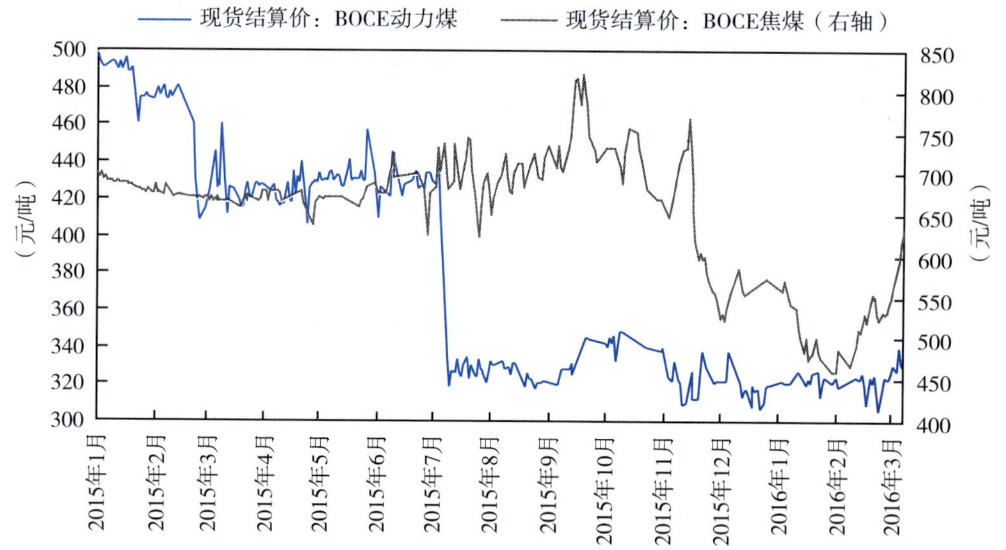

图 1－21　煤炭价格变动趋势

资料来源：WIND。

0.2 个百分点，但比上年同期下滑 3.7 个百分点。具体到三大主要投资项，房地产投资增速略有回升，基建投资增速保持较高水平，制造业投资增速继续放缓（见图 1－22）。

房地产开发投资增速回升。2015 年 3 月份以来，商品房销售逐步回暖，至 2016 年 1 月、2 月份，更出现了销售旺盛局面，使房地产开发企业投资信心有所恢复，房屋新开工面积迅猛回升，土地购置面积降幅大幅收窄，房地产开发投资增速时隔两年首次回升。2016 年前两个月房屋新开工面积同比增长 13.7%，而 2015 年同期为下降 14.0%（见图 1－23、

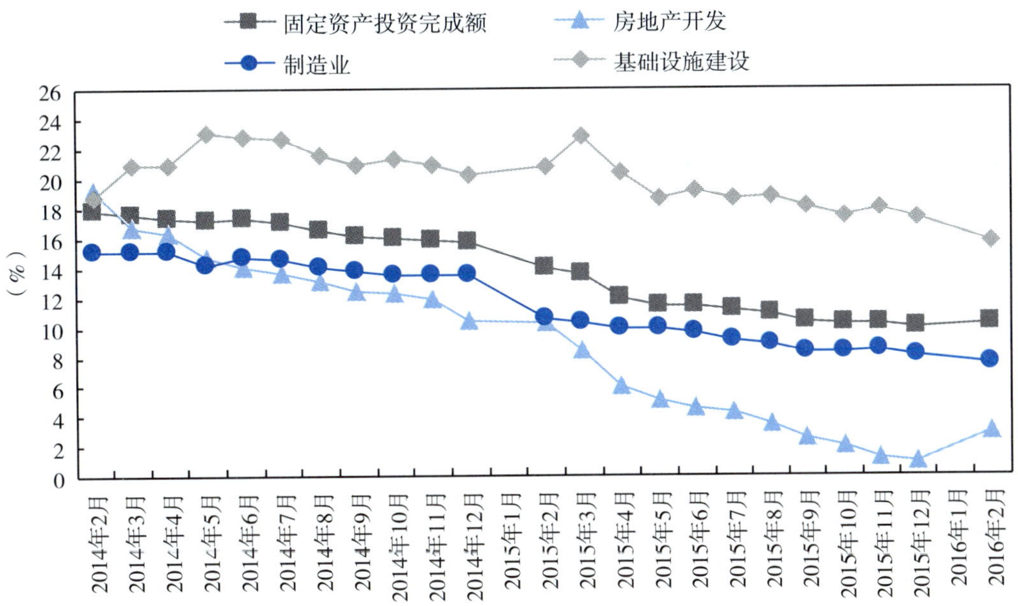

图1－22　固定资产投资累计同比增速变化趋势

资料来源：WIND。

图1－24)；房地产开发企业土地购置面积同比下降19.4%，降幅比2015年全年收窄12.3个百分点；土地成交价款增长0.9%，而2015年为下降23.9%。1～2月份房地产开发投资同比增长3%，增速比2015年全年提高2个百分点。其中，住宅投资增长1.8%，比2015年全年提高1.4个百分点。房地产开发投资占全部投资的比重为23.8%，对全部投资增长的贡献率为7.5%，比2015年全年提高5.6个百分点。

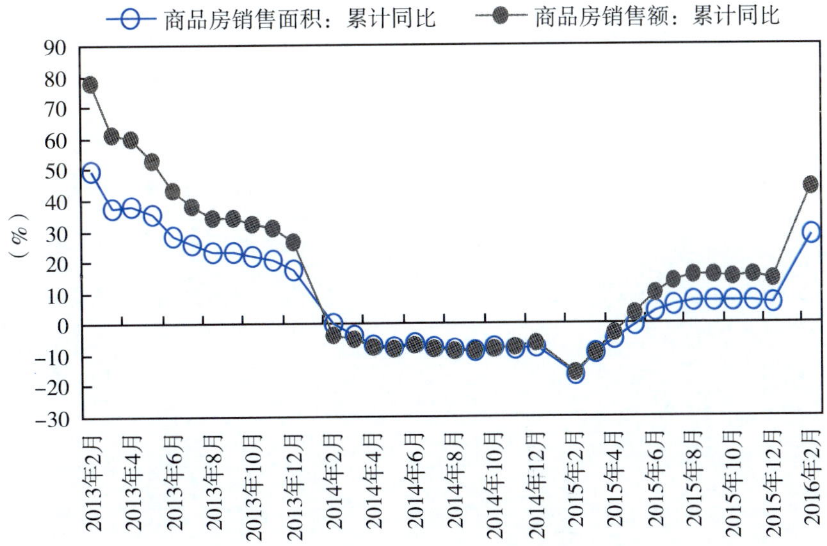

图1－23　商品房销售面积和销售额累计同比

资料来源：WIND。

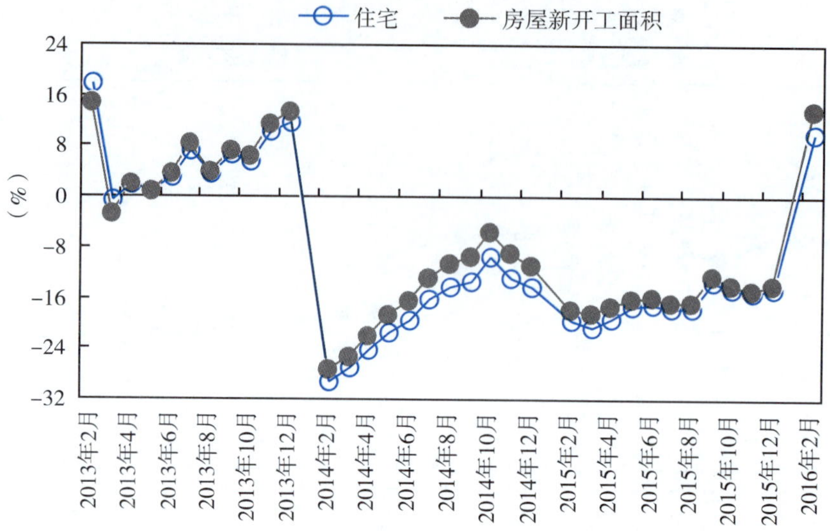

图 1 -24　房屋新开工面积累计同比

资料来源：WIND。

基建投资维持高位。2016 年 1 ~2 月份，基础设施建设投资（不含电力）同比增长 15%，比 2015 年全年下滑 2.2 个百分点，比上年同期下滑 5.6 个百分点。其中道路运输业投资增长 6.8%，比 2015 年全年下滑 9.9 个百分点，比上年同期下滑 18.7 个百分点。铁路运输业投资下降 13%，比 2015 年全年下滑 13.6 个百分点，比上年同期下滑 27.5 个百分点。但从单月增长看，基建投资增速有所回升，对整体投资增长仍具有较强支撑作用。

制造业投资同比增速延续下滑态势。制造业去产能压力较大，而企业存量出清缓慢，企业盈利预期持续恶化，拖累投资增长。2016 年 1 ~2 月份，制造业投资同比增长 7.5%，增速比 2015 年全年回落 0.6 个百分点，比上年同期回落 3.1 个百分点。其中，黑色金属冶炼及压延加工业、有色金属冶炼及压延加工业、化学原料及化学制品制造业等行业投资持续负增长，金属制品业、非金属矿物制品业等行业投资增速也大幅下滑（见表 1 -1）。

表 1 -1　　2016 年 1 ~2 月固定资产投资累计同比增速低于 10%的行业　　单位:%

	2013 年	2014 年	2015 年	2016 年 1 ~2 月
采矿业	10.9	0.7	-8.8	-29.5
煤炭开采和洗选业	-2.0	-9.5	-14.4	-30.2
石油和天然气开采业	23.7	6.1	-5.7	-59.4
黑色金属矿采选业	10.4	2.6	-17.8	-32.6
有色金属矿采选业	19.7	2.9	-2.3	-14.1
非金属矿采选业	14.4	13.9	2.1	-1.2
制造业	18.5	13.5	8.1	7.5
化学原料及化学制品制造业	17.1	10.5	3.3	-2.0
非金属矿物制品业	14.8	15.6	6.1	3.7

续表

	2013年	2014年	2015年	2016年 1~2月
黑色金属冶炼及压延加工业	-2.1	-5.9	-11.0	-5.8
有色金属冶炼及压延加工业	20.6	4.1	-4.0	-5.9
金属制品业	20.9	21.4	10.0	4.9
铁路、船舶、航空航天和其他运输设备制造业	16.4	16.1	2.2	-9.9
建筑业	1.4	27.2	10.2	6.8
交通运输、仓储和邮政业	17.2	18.6	14.3	4.8
铁路运输业	6.3	16.6	0.6	-13.0
道路运输业	18.5	20.3	16.7	6.8
文化、体育和娱乐业	23.0	18.9	8.9	1.5

资料来源：WIND。

2. 消费需求相对稳定

2016年1~2月份，社会消费品零售总额累计同比名义增长10.2%，增速比上年同期回落0.5个百分点，回落幅度有所收窄。从分项看，受商品房销售加快的影响，与住房相关的部分商品销售增速回升。1~2月份，限额以上单位家具类、建筑及装潢材料类商品销售同比分别增长16.4%和14.9%，增速分别比上年同期加快4.0和2.4个百分点。但家电、汽车销售额增速继续回落，1~2月份，限额以上单位汽车、家用电器和音像器材类商品销售同比分别增长5.4%和7.9%，增速分别比上年同期回落5.4和4.5个百分点。这两类商品销售增速回落拉低社会消费品零售总额增速约0.7个百分点（见图1-25）。此外，网上商品零售增速回落较大，1~2月份，实物商品网上零售额增长25.4%，增速比2015年全年回落6.2个百分点，比上年同期大幅回落22个百分点。

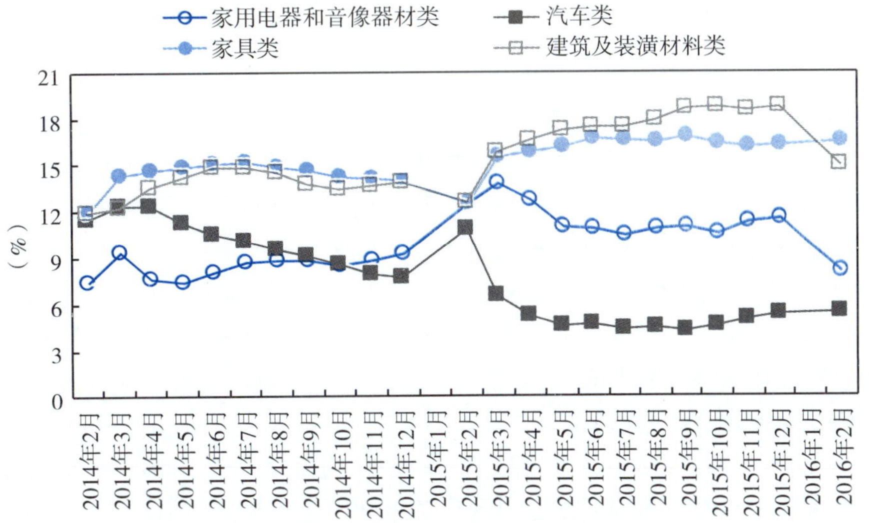

图1-25　限额以上单位商品零售累计同比增速

资料来源：WIND。

3. 出口增速延续下滑态势

2016 年 1 ~ 2 月份，我国出口金额（美元计价）累计同比下降 17. 8%，比上年同期下跌 32. 7 个百分点。对主要贸易伙伴出口全面负增长。1 ~ 2 月份，我国对美国出口金额累计同比下降 15. 7%，比上年同期下跌 36. 7 个百分点；对欧盟出口金额累计同比下降 15. 4%，比上年同期下跌 28 个百分点；对东盟出口金额累计同比下降 24. 8%，比上年同期下跌 63 个百分点；对日本、香港地区出口金额也呈负增长，跌幅较上年同期有所扩大（见图 1 – 26）。从商品结构看，劳动密集型产品、高科技产品、机电产品出口均下滑明显，其中劳动密集型产品出口下滑尤为严重。从贸易方式来看，一般贸易和加工贸易表现均不如人意，但前者略好于后者。其中，一般贸易出口 1. 12 万亿元，下降 12. 6%，加工贸易出口 6297. 3 亿元，下降 15. 9%。

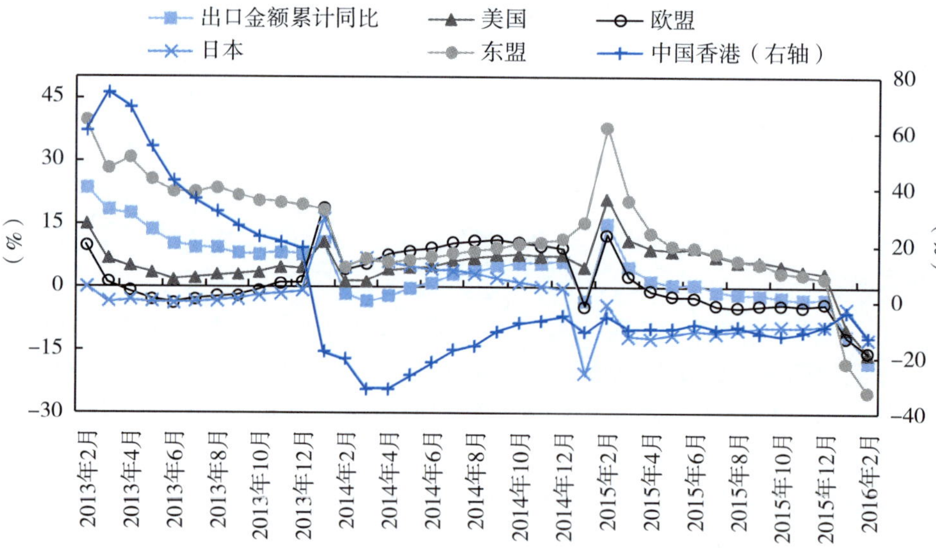

图 1 – 26　我国出口总额及对主要贸易伙伴出口累计同比增速变化趋势

资料来源：海关总署。

出口持续下跌主要受外需下降和季节性因素影响。首先，全球经济复苏前景仍不容乐观，需求疲弱拖累对外贸易。美国多项经济数据不及预期，欧盟和日本经济复苏仍然乏力，新兴市场经济增长下滑、债务危机风险不断累积。同时，危机后部分国家产业链回迁，经济增长对贸易需求的弹性下降，多种因素交织导致我国出口显著放缓。其次，严寒天气影响出口。2016 年 1 ~ 2 月，北半球普遍遭遇寒冷天气，我国主要贸易伙伴的消费、运输、开工等都受到影响。最后，春节错位带来负面效应。我国外贸企业存在节前集中出口、节后正月十五开工的习惯，2016 年春节假期较上年提前，使得负面影响在 2 月份集中得以体现（而上年的负面影响主要体现在 3 月份）。

我国出口面临竞争替代压力，也是影响出口增长的重要因素。2016 年 1 ~ 2 月份，除韩国外，其他与我国出口存在不同程度竞争替代关系的国家和地区的出口跌幅均小于我国，越南出口仍保持正增长，这在一定程度上与相关国家和地区具有劳动力成本优势及汇率贬值幅度更大有关。

三、趋势展望

■ 未来价格波动受多方面因素影响，包括经济企稳势头、农产品价格变化、国际大宗商品价格走势以及经济政策的变化等。总体来看，食品价格将有所上行、国际大宗商品价格可能呈低位波动态势；尽管经济仍存在下行压力，但宏观经济政策将有助于经济稳定。预计CPI涨幅总体有所回升，全年涨幅在2%左右；PPI降幅总体收窄，全年降幅在4%左右。

（一）食品价格涨幅可能相对较高

1. 鲜菜价格有望回落，但厄尔尼诺现象的影响可能超预期

鲜菜价格变化有很强的季节性，一般在春节过后会进入下行区间。从农业部菜篮子产品批发价格指数看，2010年以来，除2012年外，其余年份蔬菜价格均在2月份达到高点后下行，直至年中均处于相对低位。目前，随着节假日因素消除以及气候条件好转，鲜菜价格已略有回落。高频数据显示，截至3月17日，3月份菜篮子批发价格指数均值为230.01，较2月份均值下降4.58个点，后期继续下行的可能性较大（见图1－27）。不过，据气象部门预测，2016年厄尔尼诺现象可能对我国产生重大影响，而鲜菜等鲜活农产品价格极易受气候变化、自然灾害等因素影响，因此年内也不排除某些月份鲜菜等农产品价格出现显著波动的可能。

2. 猪肉价格可能继续上涨，但涨幅相对有限

猪肉价格仍存在一定上行压力。目前，生猪供给并没有明显改善的迹象。生猪存栏量在2015年6～10月份小幅反弹，但此后再次持续下降，

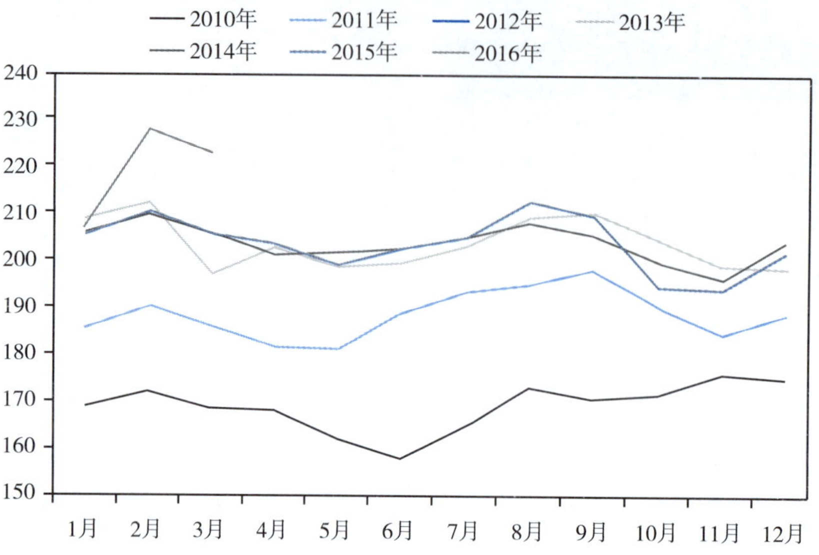

图 1－27　历年菜篮子批发价格指数均值月度变化情况

资料来源：WIND，作者计算。

2016 年 1 月末降至 37343 万头的历史新低；能繁母猪存栏量则一直向下，2016 年 1 月末已降至 3783 万头。目前看，新《环境保护法》对散养户和小规模养殖企业影响比较大，环保压力加大仍将继续对生猪存栏量的企稳回升形成压制。与此同时，仔猪价格大幅飙升，目前 22 省市仔猪平均价格已经突破 51 元/千克，超过了 2008 年 3 月份 48.44 元的历史最高值。补栏成本上升会进一步抑制补栏积极性，加大猪肉价格上涨压力。

但猪肉价格同比上涨的空间有限。一是近期猪肉价格上涨的主要原因是季节性消费，在经济持续下行的格局下，需求端不具备支持猪肉价格持续大幅上涨的条件。二是 3 月初 22 省市平均猪粮比价达到 9.34，超过了上一轮猪周期在 2011 年 6 月份达到的最高点 8.48。从猪粮比价变化的规律看，猪肉价格进一步大幅上涨的可能性在减小。三是本轮猪肉价格自 2015 年 3 月份开始进入上行周期，特别是 6 月份之后开始加速上涨，基期因素将拉低猪肉价格同比涨幅。四是近年来，我国生猪养殖产业向集约化转变，散养户和小规模养殖企业数减少、大规模养殖企业数增多，有助于平滑猪肉价格波动，缩短猪周期（见图 1－28）。

3. 预计粮食价格将低位波动

全国原粮收购价格指数自 2014 年中以来始终呈下行趋势，自 2015 年 10 月下旬至 2016 年 1 月下旬，始终在 145 附近窄幅波动，2016 年 3 月 17 日继续下降到 136.7。从国内看，根据国家粮食局 2015 年 10 月 8 日的报告，我国粮食库存达到新高，各类粮油仓储企业储存的粮食数量之大前所未有，储存在露天和简易存储设施中的国家政策性粮食数量之多也前所未有。粮食供给过多，国内粮食存在积压，导致三大主粮收购价下跌，带动国内粮价下行。从国际看，由于全球经济增速放缓，粮食供应宽松，以及美元指数上行的影响，自 2012 年年中以来，全球粮食价格连续下跌。2016 年 2 月份，国际粮农组织谷物价格指数为 148.3，接近 2007 年以来的历史低点，比上年同期下降 13.6%。根据国际粮农组织 2016 年 3 月份的最新报告，2016 年全球谷物产量仍将维持在历史高位水平，全球谷物库存预期依然宽松，

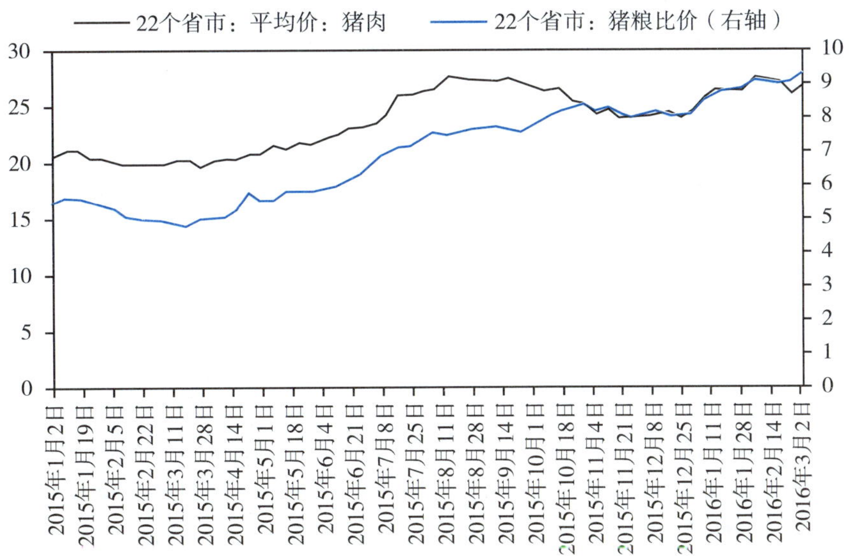

图1－28　22省市猪肉价格及猪粮比价变化趋势

资料来源：WIND。

谷物库存量和利用量之比仍将保持在较高的水平。预计在供应充裕和需求疲软的背景下，2016年国际粮价或将继续缓慢下行。

（二）工业品价格跌幅将逐步收窄

1. 国际大宗商品价格可能低位波动

近期，原油、铁矿石、有色金属等价格明显反弹，国际大宗商品价格经历长达1年半的持续下跌之后出现触底迹象。一方面，国际大宗商品价格已降至历史低位，继续下降的空间有限；另一方面，美国原油预期持续减产、俄罗斯等国家达成原油冻结产能协议、全球铁矿石产量计划下调等因素也会带来一定的价格支撑。但大宗商品价格也不具备持续大幅回升的条件。一是当前全球需求疲弱的状况并无明显改善，大宗商品价格持续上涨缺乏下游需求支撑。二是原油、铁矿石等主要国际大宗商品仍持续处于供大于求的局面。三是美元加息预期虽然有所减弱，但主要经济体货币政策分化，欧元区、日本等持续量化宽松，美元走强的大方向不变。然而，在全球金融市场波动性明显增强、地缘政治风险依然较大的背景下，大宗商品的特殊属性会导致其价格波动性加大。总体而言，未来一段时期，国际大宗商品价格将低位波动，考虑到2014年末到2015年下半年大宗商品价格急剧下跌造成同比基数逐步走低，2016年大宗商品价格跌幅总体上会低于上年。

2. 工业品价格或将逐步趋稳

在宏观政策向好带来的短期需求回暖与供需调整的推动下，铁矿石、钢材以及煤炭等价格短期内或仍将维持上行。目前主要工业品价格已处于历史低点，进一步下跌的可能性很小，尤其是随着供给侧结构性改革的持续推进，去产能过程可能加快，而财政政策力度加大、基建投资项目加快落地、“一带一路”带动产能输出等将有助于提振工业品需求，稳定工业价格。

但在产能过剩、内外需持续低迷的大背景下，部分上游产品价格大幅上涨的势头难以持续。一是经济仍处于底部，尤其是在经济转型期，工业增长下行压力加大，煤炭、钢材、水泥等主要投资型产品需求不足将是常态。尽管短期内房地产投资好转一定程度上支撑了钢材等价格的上涨，但目前房地产市场分化明显，二三线城市房地产去库存进程缓慢，房地产投资整体大幅回升的可能性不大，对工业品价格的支撑作用可能低于预期。二是去产能过程可能较为缓慢，某些工业品产量的缩减也可能不及预期。根据国家“十三五”期间化解钢铁过剩产能的目标要求，前三年平均每年化解过剩产能3500万吨，仅占全国钢铁产能的3%左右，远小于目前钢铁企业限产减产的力度。目前企业大量产能闲置，一旦价格上涨，短时间内就可能复工生产。有关机构数据显示，3月上旬，钢厂高炉产能利用率从春节前的79%提高到82%，矿山开工率则由49.8%上升至52.5%。显然，产品供给量的持续增长将抑制价格的后期上涨。从高频数据看，进入3月份以后，钢材及铁矿石价格指数均出现小幅回落（见图1-29）。

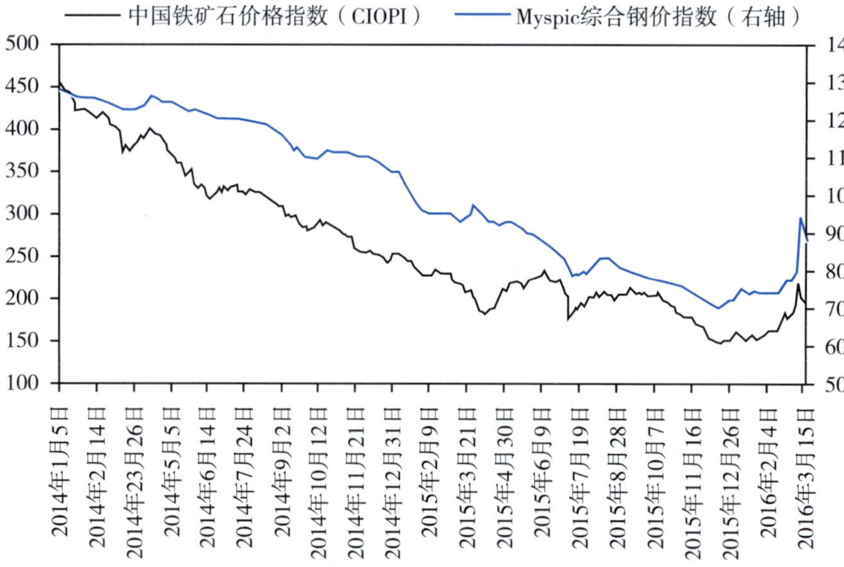

图1-29 钢材及铁矿石价格指数变化情况

资料来源：WIND。

总体来看，全年大宗商品价格跌幅可能收窄，而处于低位的国内工业品价格或将逐步趋稳，加之PPI负翘尾因素的影响逐渐减轻，年内PPI跌幅总体会收窄。

（三）经济企稳势头有待进一步确认

1. 先行指标显示经济仍存下行压力

宏观经济先行指标克强指数、中采PMI以及财新中国PMI指数均显示当前经济仍处于探底过程，经济增速可能继续放缓。2015 年 12 月份，克强指数累计值降至 1.48%，同比下降 4.35 个百分点，仅高于 2009 年 2 月份的 1.06%。2016 年 2 月份，中采 PMI 为 49.0%，较 1 月份回落 0.4 个百分点，连续 7 个月低于枯荣线，创下 2011 年 12 月份以来的 51 个月新低；财新中国 PMI 降至 48.0%，较上月下降 0.4 个百点，连续 12 个月位于荣枯线以下（见图 1－30）。

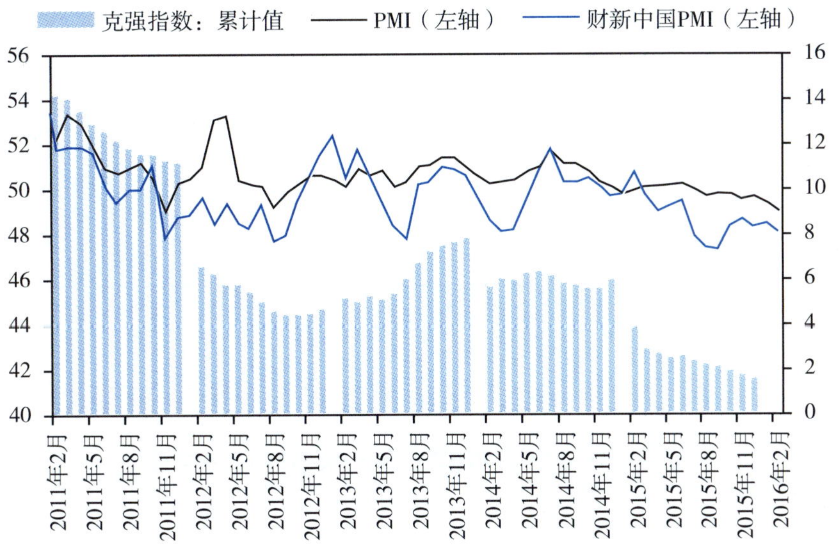

图 1－30　主要经济先行指标变动情况

资料来源：WIND。

从中采 PMI 分项指数看，供给和需求双方延续疲弱态势。2 月份，生产指数为 50.2%，虽仍在枯荣线以上，但较 2015 年 12 月份和 2016 年 1 月份分别下降 2 和 1.2 个百分点。新订单指数为 48.6%，较 1 月份下降 0.9 个百分点；新出口订单指数为 47.4%，较 1 月份上升 0.5 个百分点，内需继续回落，外需改善乏力，均持续处于收缩区间（见图 1－31）。分企业规模看，2 月份，大中小企业 PMI 指数全部落入收缩区间。其中，大型企业指数自 2015 年 11 月份的 51.2% 连续降至 2016 年 2 月份的 49.9%；中型企业指数进入 2016 年后一直稳定在 49% 的水平；小型企业指数则持续恶化，2 月份仅为 44.4%，创有统计数据以来的新低。

与此同时，中采非制造业 PMI 和财新服务业采购经理人指数都出现下滑，显示在制造业活动持续低迷的同时，服务业形势也不容乐观，总体经济活动可能继续放缓。

值得注意的是，购进价格指数和生产活动预期指数大幅回升。2 月份，购进价格指数从 1 月份的 45.1% 大幅回升至 50.2%；生产活动预期指数从 44.4% 大幅回升至 57.9%。两者叠加可能意味着工业通缩触底，企业预期出现积极变化。但从第二部分的成因分析看，近期工业价格的回升和企业预期的好转主要来自库存调整、政策影响以及房地产市场的变化，能否形成趋势，仍需进一步观察。

总体来看，2 月份 PMI 指数下滑固然有季节性因素的短期影响，但经济供需两端内在的下行压力也不容忽视，尽管部分指标向好，经济企稳回升却仍需时日。

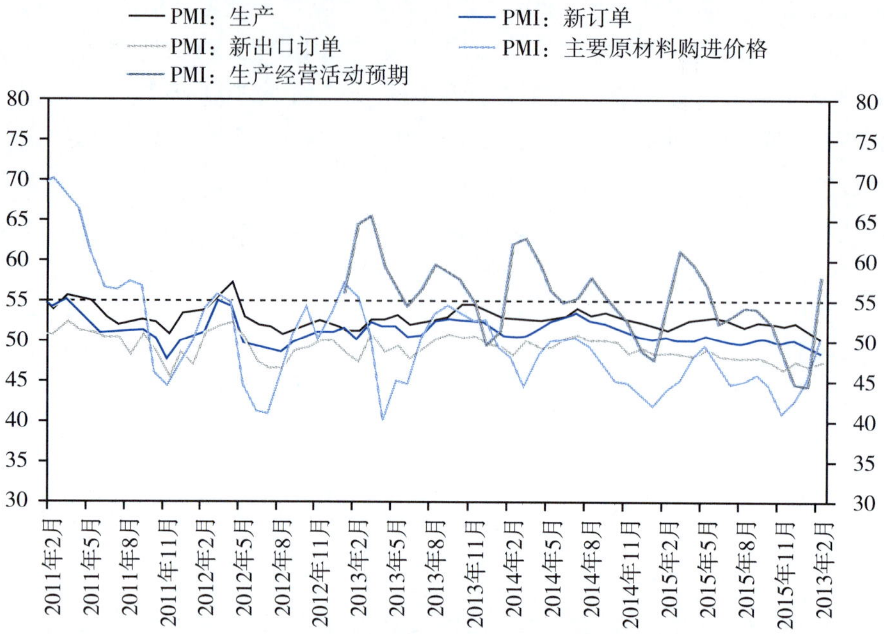

图1－31　中采PMI主要分项指标变动情况

资料来源：WIND。

2. 总需求能否明显改善存在不确定性

（1）固定资产投资增速回升程度取决于民间投资增长情况。

近期，固定资产投资增速稳中有升，主要是稳增长政策措施的效果。为应对国内外复杂多变的经济形势和下行压力，国家出台了一系列“促投资、稳增长”政策，2016年初国家继续安排专项建设资金，多项并举促进政策措施落实到位，为投资增速小幅回升奠定了良好基础。但是，民间固定资产投资增速仍延续下滑态势，1～2月份同比增长6.9%，比2015年全年下滑3.2个百分点，比上年同期低7.8个百分点。未来固定资产投资增速回升速度在很大程度上取决于民间投资改善状况。

房地产投资增速大幅回升的基础薄弱。受前期刺激政策影响，房地产销售继续向好，并进一步向投资端传导，预计投资增速仍将有所回升，但持续大幅回升的支撑不足。供给方面，2月份全国房屋待售面积达7.39亿平方米，同比增长15.7%，较上年年底提高0.1个百分点。在此存量基础上，1～2月累计新开工面积1.56亿平方米，高于竣工面积1.39亿平方米，房地产库存仍在继续增加。需求方面，2月份居民按揭贷款比1月份下降2963亿元，出现了较大幅度的下滑，居民购房行为或更趋谨慎。此外，近期房价上涨过快，可能导致政策有所收紧，如对首付贷等场外资金的清理整顿，可能对房价及房地产投资产生一定的影响。更为重要的是，目前楼市分化局面明显，一线城市房价迅速上涨，库存减少较快，对投资的拉动作用明显，但二、三线城市仍面临较大的去库存压力，仅依靠一线城市很难拉动房地产投资大幅回升。2015年12月份，一线城市房地产开发投资增速为13.3%，而二、三线城市分别为0.97%和0.15%（见图1－32）。总体来看，房地产市场格局仍旧是以消化库存为主，预计房地产投资维持低速增长的可能性较大。

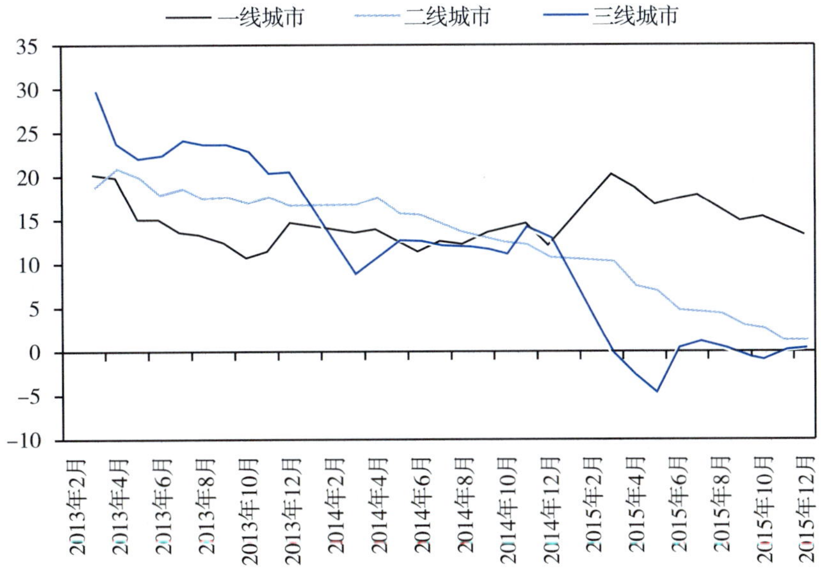

图 1－32　一二三线城市房地产投资累计同比增速变动情况

资料来源：WIND。

基建投资增速有望企稳。在房地产和制造业整体低迷的背景下，基建投资仍是稳增长的重要抓手，在经济下行压力加大的情况下，基建投资的力度会进一步加大。首先，重大项目将陆续启动，“十三五”规划重申加强社会基础建设的有效供给，2016 年在继续推进 11 大类重点工程包的基础上，将完成铁路投资 8000 亿元以上、公路投资 1.65 万亿元，再开工 20 项重大水利工程，建设水电核电、特高压输电、智能电网、油气管网、城市轨道交通等重大项目。除此之外，一大批新经济、新动能项目，如地下管网、海绵城市等也将开工建设，未来投资力度和成效将逐步增强。其次，年初“宽信用”的后续效应将逐步显现，随着 2.51 万亿元高额信贷的投放，二季度传导和滞后效应显现，后续的基建投资有望回升。再次，在资金支持上，前期推进较慢的 PPP 项目在 2016 年将加速落地，国家设立 4000 亿元专项建设债，全年规模约为 2 万亿元对基建提供金融支持。最后，随着地方政府换届完成，以及政府自身建设加强，地方政府基建投资成为地方稳增长的重中之重，地方政府投资可能有所加强。

但也应看到，近年来基建投资规模不断上升，基建投资增幅继续提高的难度较大。基建投资占固定资产投资额的比例从 2012 年的 21.2% 上升到 2015 年的 23.8%，已经超过房地产开发投资占固定资产投资额的比例。此外，近年来财政收入增速不断放缓，2015 年我国财政收入为 15.2 万亿元，实际增速为 5.8%，增速创 1988 年以来新低，这些因素都将对基建投资扩张有所限制。

制造业投资短期内仍难有起色。受需求不足和去产能影响，制造业投资可能将继续呈现低迷态势。首先，外需低迷导致出口降幅扩大，1～2 月，出口交货值累计同比下降 4.8%，出口不振对制造业投资形成拖累。其次，随着供给侧改革的推进，高耗能和传统产业投资加速收缩，而高技术产业、符合消费升级方向的新型制造业短期内还难以拉动整体投资。再次，杠杆率水平和成本高企削弱了企业投资能力，目前我国非金融企业杠杆率水平总体偏高，按照国际清算银行（BIS）估计，到2015年第2季度末，中国的非金融企业的债务占GDP的比重超过160%，显著高于欧美发达国家；同时，企业在人工、环保、税费、物流等多个环节面临成本上升压力，也将侵蚀企业利润、抑制投资意愿。

（2）消费增长或将基本保持平稳。

目前，传统消费相对平稳，新兴消费业态已逐步形成，消费平稳增长具有良好支撑。特别是，近期随着房地产销售的回暖，家具及建材等相关类消费将得以提升。但消费增长也受到一些约束。一是前期刺激政策效果减弱，2月份限额以上单位汽车、家用电器和音像器材类商品消费出现下滑，未来将延续下滑态势。二是随着体量逐步增大，新兴业态消费增长趋缓。1～2月，全国网上零售同比增长27.2%，低于上年同期17.4个百分点，增速已出现大幅下滑。三是餐饮类消费虽相对稳定，但相对于2015年，2016年消费增长的低基数效应已经消退。四是居民收入增速下降抑制消费增长。2015年末居民可支配收入实际累计同比增长6.6%，比一季度下降0.4个百分点。而随着经济增长放缓，未来居民收入增长也有可能放缓。

（3）预计出口增长仍面临较大困难。

一是全球经济复苏乏力，美、日、欧等发达经济体并没有明显改善迹象，新兴经济体更不容乐观。最新数据显示，2月份美国制造业PMI仅为49.5%，连续两个月处于荣枯线下；日本经济增速2015年四季度环比折年收缩1.1%，存在下行风险；欧元区CPI则同比下降0.2%，通缩压力加大，全球经济基本面总体偏弱制约出口增长。二是部分新兴经济体汇率贬值幅度较大，尤其是部分东南亚国家对我国劳动密集型产品的出口形成冲击。

（四）宏观政策环境将对价格形成一定支撑

稳增长是2016年政府工作的第一要务。2016年《政府工作报告》提出，继续实施积极的财政政策和稳健的货币政策，创新宏观调控方式，加强区间调控、定向调控、相机调控，统筹运用财政、货币政策等政策工具，采取结构性改革尤其是供给侧结构性改革举措，为经济发展营造良好环境。

积极的财政政策将加大力度。2016年拟安排财政赤字2.18万亿元，比上年增加5600亿元，赤字率提高到3%。未来将发行4000亿元地方专项建设债，继续发行地方政府置换债券。2016年5月1日起，“营改增”试点将全面推开，建筑业、房地产业、金融业、生活服务业将纳入试点范围，财税体制改革进一步加快。同时，适当增加必要的财政支出和政府投资，加大对民生等薄弱环节的支持。稳健的货币政策将更加灵活适度，广义货币供应量M2预期增长13%左右，社会融资规模余额预期增长13%左右。央行将统筹考虑稳增长、调结构、防风险等多重目标，更加注重灵活适度，综合运用公开市场操作、利率、准备金率、再贷款等各类货币政策工具，保持流动性合理充裕，疏通传导机制，降低融资成本，加强对实体经济特别是小微企业、“三农”等的支持。

总体来看，在强调区间调控、定向调控和供给侧结构性改革的基调下，积极的财政政策和稳健的货币政策不会对经济形成强刺激，但有助于稳定总需求。

（五）价格变动趋势预测

1. 预计2016年全年CPI涨幅在2%左右

根据前述对未来经济走势的分析判断及基于计量经济模型对已有数据的模拟预测，在没有重大冲击的情形下，2016年第1季度CPI涨幅将温和上升，随后有所下降，下半年后再次小幅上升，全年CPI同比涨幅在2%左右（见图1-33）。

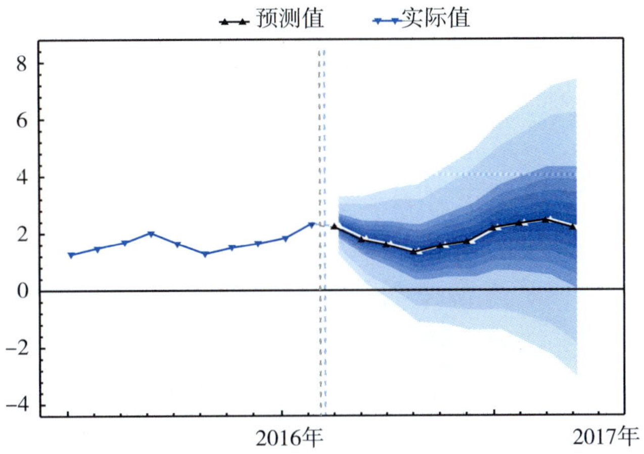

图1-33　CPI同比涨幅预测

资料来源：2016年2月及之前数据来源于国家统计局，3月及之后的数据为作者预测。

2. 预计2016年全年PPI跌幅在4%左右

根据前述对未来经济走势的分析判断及基于计量经济模型对已有数据的模拟预测，在没有重大冲击的情形下，2016年PPI同比降幅在4%左右（见图1-34）。

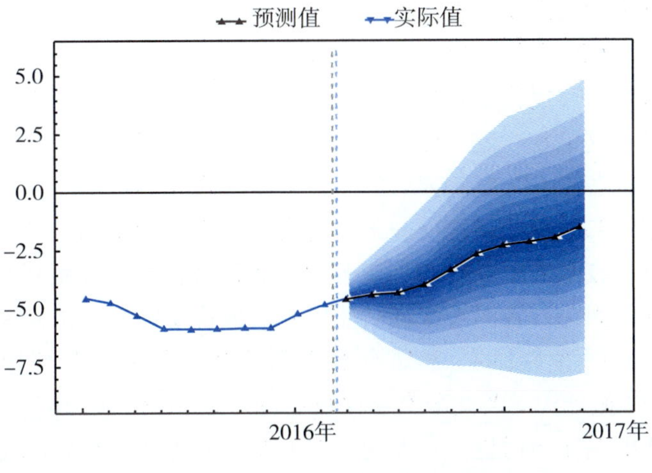

图1-34　PPI同比涨幅预测

资料来源：2016年2月及之前数据来源于国家统计局，3月及之后的数据为作者预测。

四、专题分析

CPI编制的国际比较

■ CPI编制中的关键因素是如何确定商品篮子和权数。从商品篮子看，我国与多数主要经济体一致，依据固定篮子指数理论确定商品篮子，并以联合国《按目的划分的个人消费支出分类标准（COICOP)》为基础划分商品和服务类别。从权数看，我国每5年更新一次权数，更新频率低于多数发达经济体，但与其他金砖国家大体一致。我国CPI中食品权数远高于发达经济体。将CPI权数与居民消费支出结构对比，也发现我国CPI中食品烟酒、衣着类权数偏高，而居住、交通和通信类权数偏低。

CPI作为价格监测分析的重要指标，对于通货膨胀（紧缩）测度、宏观经济预警、经济周期分析、货币政策制定等都有重要的参考价值，其编制准则历来受到各国及国际组织的重视。虽然国际劳工组织（ILO）编制的《CPI手册》（*Consumer Price Index Manual*：*Theory and Practice*）为各国编制CPI提供了基本框架和准则，但各国具体的编制方法仍存在较大差异，这也在一定程度上影响了CPI的国际可比性。

各国CPI编制方法的差异主要体现在商品篮子和权数的确定上。商品篮子和权数的确定受一国经济发展水平和消费结构的影响，同时也受该国统计技术的限制。商品篮子和权数是否合理，关系到CPI的代表性和准确性。因此，各国CPI商品篮子和权数都是随着经济发展和统计技术改进而不断调整优化的。2016年按照每5年进行一次基期轮换的惯例，我国对CPI篮子构成及其分类和权数也进行了调整，这引起了人们对CPI编制方法的关注与讨论。本专题拟对CPI编制方法进行国际比较，以更好地认识我国CPI的编制方法，促进CPI编制方法不断完善。

（一）CPI商品篮子的比较

1. 商品篮子理论比较

CPI编制中，将所调查的商品和服务统称为“商品篮子”。ILO（2003）的决议为CPI商品篮子编制提供了两种理论，即固定篮子指数（fixed－basket price index）理论和生活费用指数（cost－of－living index）理论。固定篮子指数测量不同时点购买相同商品篮子所需费用的变化，而生活费用指数则测量不同时点消费者为达到某一效用水平所需的最小支出的变化。两种理论框架的主要差异体现在两个时期的篮子是否相同：固定篮子指数忽视了在经济生活中消费者存在用价格变得相对便宜的项目来替代价格变得相对较贵项目的系统性倾向，除了定期更新篮子，否则被挑选构成篮子的商品和服务不变；而生活费用指数则考虑了这种替代效应，衡量维持既定生活标准时所需要的最低支出变化情况，两个时期的篮子并不完全相同。在这两种不同理论框架中如何选择主要取决于测度CPI的目标。相对而言，固定篮子指数理论更适于反映同种商品或服务的价格变化，而生活费用指数理论则更适合于测度生活费用支出和收入的调整。

目前，国际上多数经济体，如英国、德国、日本、加拿大及其他金砖国家等都采用固定篮子指数理论确定商品篮子，我国也是依据固定篮子指数理论确定商品篮子的。而美国劳工统计局编制的CPI最重要的用途是将其作为调整指数化工资、养老金和福利支付的工具，因此采用生活费用指数理论确定商品篮子。美联储主要以美国商务部经济分析局编制的PCE指数（个人消费支出指数）衡量通货膨胀水平，用于反映全部居民消费支出价格水平的变动情况。

2. 商品和服务分类多以COICOP为基础

理论上，商品篮子应当包括居民日常生活消费全部的商品和服务。ILO（2003）的决议即认为“CPI应该涵盖所有各类商品和服务，不应当遗漏非法或从社会角度看不受欢迎的任何商品和服务类别”。但是，受人力、财力等限制，各国在实践中不可能采用普查的方式获取居民消费的全部商品和服务的价格，而是选取有代表性的商品和服务进入篮子。

在对商品和服务进行分类时，《CPI手册》推荐使用联合国统计委员会《按目的划分的个人消费支出分类标准（COICOP）》。COICOP将消费支出划分为12个大类，分别是：01——食品和非酒精饮料；02——酒精饮料、烟草和麻醉品；03——服装和鞋类；04——住房、水、电、煤气等燃料；05——家具、家用设备和家庭日常维护；06——医疗保健；07——交通；08——通信；09——娱乐和文化；10——教育；11——餐馆和酒店；12——杂项商品和服务。大类下分为47个中类、117个小类、200多个基本分类。

目前，多数经济体商品和服务的分类都是以COICOP为基础的，只有美国、加拿大、墨西哥、俄罗斯和印度等采用自己的分类体系（见表1－2）。2016年国家统计局参照COICOP和《居民消费支出分类（2013）》，统一确定了我国CPI篮子所包含的商品和服务类别，即食品烟酒、衣着、居住、生活用品及服务、交通和通信、教育文化和娱乐、医疗保健、其他用品和服务等8个大类、262个基本分类。

表1-2　主要经济体CPI篮子中商品和服务分类的比较

国家	分类体系	大类	中类	小类	基本分类	代表规格品数量
澳大利亚	参照COICOP	11	34	NA	89	NA
加拿大	本国分类	8	NA	NA	169	600
法国	COICOP	12	37	NA	161	超过1000
德国	COICOP	12	NA	NA	150	约700
意大利	COICOP	12	38	106	530	1143
日本	参照COICOP	10	47	67	NA	588
韩国	COICOP	12	NA	NA	NA	489
西班牙	COICOP	12	37	79	126	490
瑞典	COICOP	12	37	NA	350	NA
瑞士	COICOP	12	85	NA	NA	NA
英国	COICOP	12	39	71	NA	超过650
美国	本国分类	8	34	70	305	NA
奥地利	COICOP	12	NA	NA	NA	770
比利时	COICOP	12	NA	NA	NA	507
希腊	COICOP	12	39	NA	97	800
卢森堡	COICOP	12	NA	NA	255	7550
墨西哥	墨西哥银行的分类	8	17	36	77	315
土耳其	COICOP	12	44	NA	NA	454
俄罗斯*	本国分类	3	NA	NA	NA	445
印度	本国分类	5	NA	NA	NA	370
巴西	参照CPICOP	9	19	52	373	NA
南非	CPICOP	12	NA	NA	NA	393
中国	参照COICOP	8	24**	80**	262	约700

注：*俄罗斯2005年开始尝试按照COICOP分类，但目前并未公布新的分类；**根据国家统计局公布的最新调整的CPI调查目录暂无法获得中、小类数目，但《居民消费支出分类（2013）》将居民消费支出划分为24个中类、80个小类，推测CPI调查目录可能与此一致。

资料来源：国家统计局；OECD；各国统计网站；徐强：《OECD国家CPI编制的国际比较及借鉴》，载《统计研究》2013年第6期，第95～103页。

（二）CPI主要项目权数的比较

1. 权数来源及更新频率比较

权数是CPI商品篮子中每一类商品或服务所占的比重，能够反映某类商品或服务的价格变动对总指数变动的影响程度。根据《CPI手册》，计算权数的两个主要来源是住户支出调查和国民经济核算中对住户最终消费支出的估算。其中，住户支出调查能够详细记录某一时段住户对各种商品和服务的支出，目前为美国、德国、日本以及金砖国家等多数主要经济体所采用。但是，由于住户支出调查可能会给调查对象造成较重的负担，频繁开展全国住户支出调查成本可能非常高，因此，部分经济体如法国、芬兰、挪威等采用国民经济核算中的商品流量法对住户支出进行估算。此外，英国、荷兰、瑞典、丹麦、匈牙利等经济体兼用两种方法确定商品篮子权数。我国在编制CPI时，权数资料主要根据城乡居民家庭消费支出资料计算，并用部分典型调查和专项调查资料补充。

各经济体对CPI权数更新的频率有所不同。相对而言，发达经济体CPI权数的更新频率较高，如英国、法国、瑞士、瑞典、挪威等国家每年都会更新权数，美国自2002年起由过去的每10年更新改为每2年更新一次。金砖国家中，俄罗斯为每年更新权数，印度为每7年更新一次，中国、巴西和南非则每5年更新一次（见表1-3）。

表1-3　　主要经济体CPI权数来源及更新频率的比较

国家	权数来源	更新频率	国家	权数来源	更新频率
澳大利亚	住户支出调查	5年	瑞士	住户预算调查	每年
加拿大	住户支出调查	4年	新西兰	住户经济调查	3年
瑞典	住户预算调查 国民经济核算	每年	荷兰	住户预算调查 国民经济核算	5年
匈牙利	住户预算调查 国民经济核算	每年	英国	支出与食品调查 国民经济核算	每年
芬兰	国民经济核算	5年	挪威	国民经济核算	每年
法国	国民经济核算	每年	美国	消费者支出调查	2年
丹麦	住户预算调查 国民经济核算	5年	南非	住户收入和支出调查	5年
德国	住户支出调查	5年	巴西	消费支出调查	5年
日本	家庭收入与支出调查	5年	俄罗斯	住户预算调查	每年
韩国	家庭收入与支出调查	5年	印度	家庭收入和支出调查	7年
西班牙	住户预算调查	每年	中国	居民家庭消费支出调查	5年

资料来源：国家统计局；OECD；各国统计网站；徐强：《OECD国家CPI编制的国际比较及借鉴》，载《统计研究》2013年第6期，第95~103页。

2. 主要项目所占权数的比较

一国或地区CPI权数，与该经济体的消费支出结构直接相关。而消费支出结构受经济发展水平、消费习惯、与居民消费相关的制度安排等因素影响。表1-4为主要经济体CPI中主要项目权数的对比。

表 1－4　主要经济体 CPI 部分项目权数

单位：‰

国家	年份	食品	能源	住房	服务*	国家	年份	食品	能源	住房	服务*
澳大利亚	2000	136	74	97	354	加拿大	2000	125	84	236	258
	2005	122	81	96	381		2005	113	92	222	282
	2010	120	85	107	368		2010	112	90	235	288
	2015	117	78	108	389		2015	109	88	227	284
法国**	2000	156	85	74	329	德国	2000	103	81	224	281
	2005	151	84	76	327		2005	104	96	215	292
	2010	145	84	78	345		2010	103	107	218	301
	2015	143	80	80	385		2015	103	107	218	301
意大利**	2000	163	73	46	324	日本	2000	195	68	196	295
	2005	154	63	41	360		2005	190	73	200	309
	2010	162	79	36	384		2010	186	78	208	304
	2015	166	90	36	407		2015	186	78	208	304
韩国**	2000	158	95	144	369	荷兰	2000	111	72	173	240
	2005	141	91	105	450		2005	111	72	173	240
	2010	136	96	99	442		2010	113	84	179	279
	2015	139	100	100	434		2015	116	82	203	277
西班牙**	2000	215	89	39	302	瑞典	2000	134	84	242	231
	2005	223	94	36	314		2005	133	91	229	250
	2010	182	106	39	347		2010	139	89	207	271
	2015	187	115	39	352		2015	139	76	197	294
英国**	2000	114	66	73	373	美国	2000	96	77	293	296
	2005	102	67	66	391		2005	80	91	313	296
	2010	118	87	75	375		2010	78	91	310	302
	2015	103	67	74	407		2015	84	70	327	314
南非	2000	NA	NA	NA	NA	中国	2000	NA	NA	NA	NA
	2005	NA	NA	NA	NA		2005	NA	NA	NA	NA
	2010	183	58	160	276		2010	336	NA	136	NA
	2015	182	95	166	297		2015	314	NA	178	NA

注：* 统计项目中的“服务”不含住房；** 法国、意大利、韩国、西班牙、英国统计项目中的“住房”不含估算租金。

资料来源：WIND，OECD。

一般而言，经济发展水平越高，食品支出占居民消费支出的比重（恩格尔系数）就越低，CPI 中的食品项权数就越低。从纵向对比可以看出，绝大多数经济体的食品权数都呈下降趋势，但意大利、韩国、荷兰、西班牙、英国、美国等食品支出权数在2010年或2015年与前期相比不降反升，反映出金融危机以来，部分经济体经济增速放缓或负增长，对居民消费支出结构也产生了影响。从各经济体之间的横向对比可以看出，经济发展程度更高的美国、德国、英国、加拿大等食品权数较低，仅占10%左右，其中美国最低，尚不到10%。但在发达经济体中，西班牙、日本、意大利和法国的食品权数较高，这可能是由于消费习惯的差异，日本食品权数较高也可能与其食品的相对价格较高有关。

由于住房项目中存在是否含估算租金的差别，各国CPI中住房的权数也差别较大。从住房项目中包含估算租金的国家看，住房权数也有较大差别，澳大利亚CPI中住房权数较低，仅10%左右；美国住房的权数则高达30%多；加拿大、德国、日本、荷兰、瑞典住房的权数较接近，都在20%左右。从时间上看，各国CPI中住房权数的变化没有较一致的规律，有的国家住房权数上升，而有的国家住房权数下降。

普遍来说，发达国家CPI中服务项目的权数较高，多数国家在30%~40%之间，并且，从时间上看，各国服务的权数普遍而言都是提高的。这说明经济越发展，服务在居民消费支出中的占比越高，在CPI中的权数也就越高。

我国CPI权数没有公开，从仅可以找到的食品与住房权数看，我国食品权数显著高于其他国家，同口径的住房权数也低于多数发达国家，但2015年略高于南非。

（三）关于我国的CPI商品篮子和权数

1. 商品篮子和计价的确定方法面临很大挑战

总体而言，我国CPI商品篮子和权数是随居民消费结构的变化而不断进行调整的。从商品篮子看，会定期进行调整。如2006年将上网费、物业管理费、教育软件开支等作为新商品费用列入CPI统计中，从而使构成CPI商品目录的基本分类由以前的251个增加到263个。在2016年1月开始使用的新一轮调查目录中，国家统计局对CPI调查目录进行了调整，新的分类为食品烟酒、衣着、居住、生活用品及服务、交通和通信、教育文化和娱乐、医疗保健、其他用品和服务等8个大类（见表1-6），并且其中一些项目的内涵也发生了调整和变化。此外，“园艺花卉及用品”、“宠物及用品”、“养老服务”和“金融服务”等居民支出增加较快的分类也新增进入CPI调查目录中。根据国家统计局的说法，“新基期调查目录和规格品与国际标准更为接近，一些新产品新服务纳入其中，能进一步反映居民消费和经济结构的变化”。

然而，由于目前我国正处于消费升级阶段，且居民消费的分层化特征日益明显，如何使商品篮子更好地反映居民消费及价格变化的实际情况，仍面临较大挑战。首先，我国消费分层化特征日益明显，如何在每类商品中挑选代表规格品才能反映不同阶层消费品价格的变化情况，以便更全面地反映价格变化情况，是较为突出的现实问题。其次，目前居民消费中，既存在用价格变得相对便宜的商品替代价格变得相对较贵商品的情况，也存在商品和服务更新换代速度明显加快的情况，这样可能使得CPI统计中存在商品替代性偏差、零售点替代性偏差、质量调整因素偏差等，如何确定商品篮子和改进统计方法是我国CPI统计中始终存在的问题，特别是对于质量调整问题，似乎还缺乏有效的改进办法。

此外，我国纳入CPI统计的商品和服务，还有一些项目是政府定价的，采用何种处理方法来反映居民消费价格变化情况也是需要考虑的问题。特别是，在有些服务项目中，主要是政府定价，但市场化的行为和市场定价越来越多，如何真实地反映居民在这些方面的服务支出及价格变化也是不可回避的问题。如在CPI的统计中教育消费仅包含学杂费、课本费等项目，但前些年也暴露出不少学校存在擅自增加费用现象，特别是现实中仍存在高额的“择校费”，并且补课和课外班现象较为普遍，这些课外班和补习费用高涨，对于普通居民家庭来说是非常大的负担。但因为择校费、补习费是非正常的甚至不合法的，这些支出变化情况并没有纳入CPI的统计中。这使得很多居民感受的教育费用增加情况与官方统计数据存在较大差距。

2. CPI权数仍需继续优化

从CPI的权数看，在2006年、2011年和2016年三轮基期轮换过程中，食品在CPI中所占比重不断降低，烟酒及用品、衣着等所占比重也呈下降趋势，而居住所占比重逐步上升，交通和通信、医疗保健等权数也有所上升（见表1－5）。由于2016年调整后，食品的指标内涵发生了变化，由旧分类中的“食品”大类调整为“食品烟酒”大类下的中类，按照旧口径衡量，食品权数下降了3.2个百分点。

2016年调整后的CPI权数虽然可以更好地反映我国居民消费支出结构的变化特征，但与居民消费支出结构相比，仍存在一定的偏差。2013年，国家统计局开始进行城乡一体化住户收支与生活状况调查，所采用的指标口径与CPI分类具有较强的可比性，这很好地弥补了以往住户调查分城镇和农村、没有全国统一数据的缺陷。

表1－5　我国CPI商品和服务类别所占权数

单位：%

商品和服务类别	2006～2010年	2011～2015年	2016～2020年
食品	33.60	31.39	28.19
烟酒及用品	4.70	3.99	—
衣着	9.00	8.54	—
家庭设备用品及其维修服务	6.40	5.84	—
医疗保健及个人用品	9.40	9.04	—
交通和通讯	9.50	9.25	10.35
娱乐教育文化用品及服务	14.40	14.15	—
居住	13.60	17.82	20.02

资料来源：WIND。

城乡一体化住户收支与生活状况调查分类依照《居民消费支出分类（2013）》，将“食品”、“烟酒”合并为“食品烟酒”大类，因此，我们对2011年CPI的食品、烟酒及用品权数加总，得到可比的权数与支出比例，如表1－6所示。

表1-6　CPI权数与居民消费支出比重的比较　单位:%

	居民消费支出比例			CPI权数	
	2013	2014	2015	2011~2015年	2016~2020年
食品烟酒	31.20	31.01	30.60	35.38	约32.18
衣着	7.80	7.59	7.40	8.54	约8.54
居住	22.70	22.09	21.80	17.82	20.02
生活用品及服务	6.10	6.14	6.10		
交通和通信	12.30	12.90	13.30	9.25	10.35
教育、文化和娱乐	10.60	10.60	11.00		
医疗保健	6.90	7.21	7.40		
其他用品及服务	2.50	2.47	2.50		

资料来源：相关年度《中国统计年鉴》，WIND。

从表1-6可以看出，相对于近几年的居民消费支出结构，我国CPI中食品烟酒、衣着类权数偏高，居住、交通和通信类权数偏低。2011~2015年间，CPI食品烟酒权数比居民实际支出比重平均偏高约4.4个百分点，衣着权数平均偏高约0.9个百分点。与此同时，居住权数却平均偏低4.4个百分点，交通和通信权数平均偏低3.6个百分点。2016年基期轮换后，权数与支出之间的偏差虽然有所减小，但食品烟酒、衣着类权数偏高，居住、交通和通信类权数偏低的状况仍然存在。同时，由于我国CPI基期轮换周期相对较长，每一次轮换期都需要对未来5年内消费结构做前瞻性预判，随着未来5年内居民支出结构的进一步变化，这种偏差有可能进一步扩大。

此外，理论界对于我国居民消费支出中，住房与服务支出如何核算一直存在争论，不少学者证明统计数据中居民住房与服务的消费被低估了。如果这种情况存在，则目前CPI权数与居民现实消费结构的偏差就更大。

综上所述，我国CPI统计在适应居民消费升级和结构变化方面尚有进一步改进的空间。因此，建议统计部门进一步改进居民消费的统计和核算方法，大力完善支出法GDP核算方法，为合理确定CPI篮子和权数奠定基础。针对不同收入群体，建立多层次的CPI调查统计体系，更全面地反映我国居民消费价格的变化情况。适当加快CPI篮子和权数的调整频率，或适度加大年度微调的幅度，以及时反映居民消费结构的变化。增强CPI统计信息的透明度，以回应公众质疑和促进相关研究，推动CPI编制技术的改进和提高。

第二部分

2016年第2季度价格监测分析

主要观点和结论

近期价格涨幅相对稳定。CPI同比在达到2.3%的近期高点后，5月份回落至2%，环比连续3个月下降；食品价格涨幅高位回落，非食品价格走势平稳。PPI同比降幅持续收窄，环比连续3个月正增长。原油价格继续回升，国际大宗商品价格震荡上行。国内一线城市房价上涨速度放缓，股票价格小幅波动。

从宏观层面看，总需求相对稳定致使价格总体趋稳。从微观上看，天气条件改善导致鲜菜供应大量增加，猪肉进口增加和储备肉投放对猪肉供应偏紧局面稍有缓解，食品价格涨势有所放缓，从而影响CPI趋稳。美联储加息预期下调和原油供给收缩等因素影响国际大宗商品价格总体回升，在此背景下，国内工业品供求关系调整推动PPI持续回升。

年内经济仍存在下行压力，但宏观经济政策将有助于经济稳定，预计总需求因素对价格的影响较为有限。从供求关系看，农产品和国际大宗商品价格将基本稳定；但美联储加息和地缘政治风险等不稳定因素有可能造成国际大宗商品价格震荡；气候因素对农产品供给和价格的影响也存在不确定性。如果不发生大冲击，预计下半年CPI同比涨幅有所回落，全年在2%左右；PPI同比降幅总体收窄，全年下降2.1%左右。

（本部分完成于2016年6月22日）

一、价格形势

■ 近期价格涨幅相对稳定。CPI 同比在达到 2.3% 的近期高点后，5 月份回落至 2%，环比连续 3 个月下降；食品价格涨幅高位回落，非食品价格走势平稳。PPI 同比降幅持续收窄，环比连续 3 个月正增长。原油价格继续回升，国际大宗商品价格震荡上行。国内一线城市房价上涨速度放缓，股票价格小幅波动。

（一）价格涨幅总体保持平稳

1. 居民消费价格涨幅基本稳定

CPI 同比涨幅稳中趋降。从 2015 年 11 月份开始，CPI 同比涨幅连续 4 个月回升，2016 年 2 月份 CPI 同比涨幅达到 2.3%。3 月、4 月份 CPI 同比涨幅持续保持在 2.3%。5 月份 CPI 同比涨幅 2.0%，较 4 月份回落 0.3 个百分点（见图 2－1）。

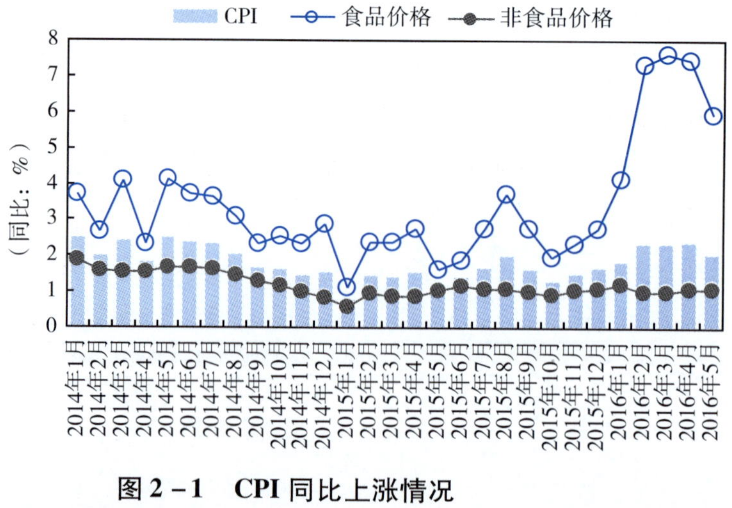

图 2－1　CPI 同比上涨情况

资料来源：国家统计局。

食品价格涨幅高位回落。自2015年11月份以来，食品价格涨幅显著加快，2016年3月份食品价格同比涨幅达到7.6%，为2012年4月份以来最大涨幅。随后，食品价格同比涨幅开始回落，4月、5月份同比涨幅分别为7.4%和5.9%，较3月份分别回落0.2和1.7个百分点。食品价格涨幅高位回落的主要原因是鲜菜价格出现较大幅度回落。鲜菜价格同比涨幅自3月达到35.8%的高点后，4月、5月份出现较大幅度回落，比3月份分别下降13.2和29.4个百分点。畜肉类价格依然保持较高涨幅。4月、5月份，畜肉类价格分别上涨20.1%和20.8%，分别拉动CPI上涨0.84和0.88个百分点；畜肉类中猪肉价格涨幅高位运行，4月、5月份分别上涨33.5%和33.6%，分别影响CPI上涨约0.75和0.77个百分点。蛋类和鲜果价格降幅继续收窄。蛋类价格在3月份降幅略有扩大后，4月、5月份降幅持续收窄，同比分别下降1.6%和0.2%，较3月份分别收窄约4.2和5.6个百分点；鲜果价格跌幅略有收窄，5月份鲜果价格下降7.6%，拉动CPI下降约0.14个百分点。水产品价格涨幅略有扩大，4月、5月份水产品价格分别上涨4.1%和4.9%，分别拉动CPI上涨0.07和0.09个百分点（见图2－2）。

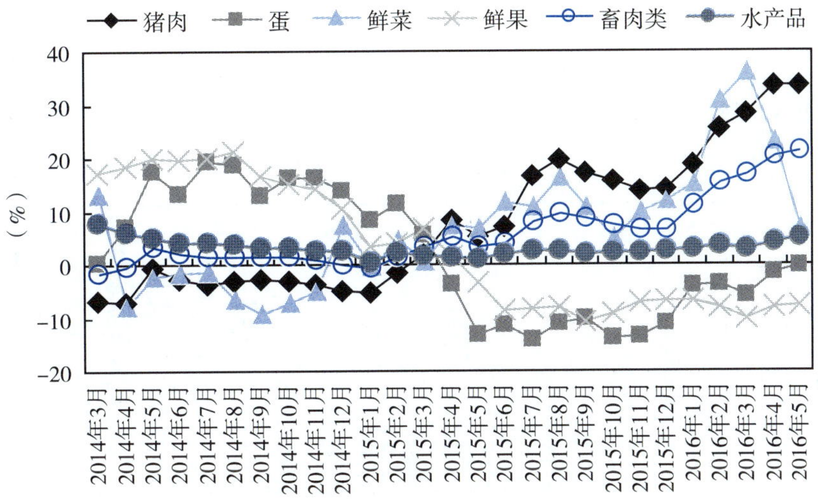

图2－2　部分食品价格上涨情况

资料来源：国家统计局。

非食品价格走势基本稳定。5月份非食品价格同比上涨1.1%，涨幅与上个月持平。其中，医疗保健和居住价格自2015年来持续保持上升趋势。2016年5月份，医疗保健价格同比上涨3.5%，较上年12月份提高近1个百分点，比上年同期提高1.7个百分点；居住价格同比上涨1.6%，较上年末提高0.8个百分点，比上年同期提高0.9个百分点。交通和通信费用自2014年9月以来持续下降，5月份交通和通信费用同比下降2.6%，降幅较上年12月和上年同期都扩大1.3个百分点。衣着、生活用品及服务、教育和文化娱乐价格涨幅基本保持稳定，5月份价格分别上涨1.5%、0.6%和1.2%（见图2－3）。

服务价格也基本平稳，涨幅在年初略有下降后，4月、5月份稍有回升，5月份同比上涨2.1%，与上年末的水平相当。

翘尾因素影响逐渐回升，新涨价因素影响开始减弱。2016年5月份，价格变动的翘尾因素约为1.1%，较上个月上升0.1个百分点，对CPI同比涨幅的贡献度为56.1%，较上个

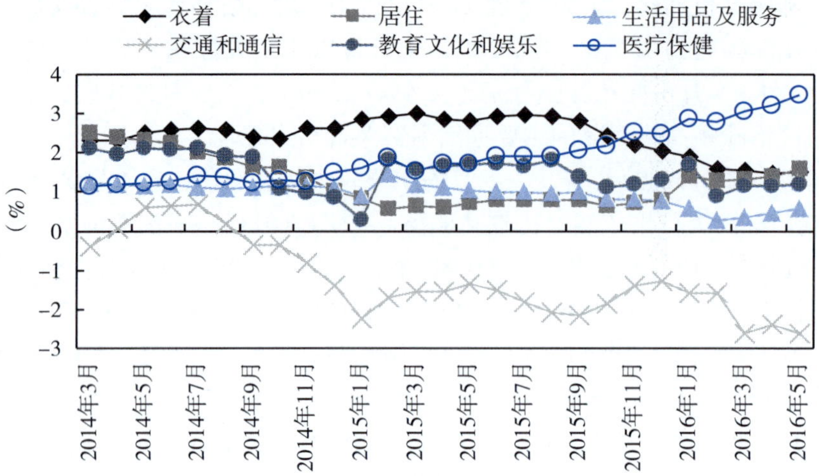

图 2 –3　非食品价格变化情况

资料来源：国家统计局。

月上升 14.8 个百分点。价格变动的新涨价因素约为 0.9%，较上个月下降 0.4 个百分点，对 CPI 同比涨幅的贡献度为 43.9%，较上个月下降 14.8 个百分点（见图 2 –4）。

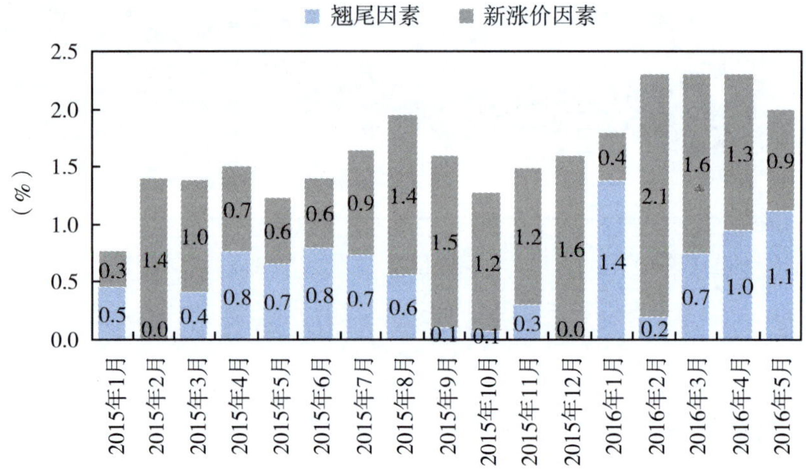

图 2 –4　翘尾因素和新涨价因素

资料来源：国家统计局。

CPI 环比涨幅由正转负，食品价格环比跌幅继续扩大。 CPI 环比涨幅在 2016 年 2 月份达到 1.6%，为 2014 年 12 月以来的最高点。随后，CPI 环比涨幅由正转负，4 月份略微反弹后，5 月份跌幅继续扩大。5 月份，CPI 环比下跌 0.5%，较 4 月份下降 0.3 个百分点。食品价格环比由 2 月份上涨 6.7% 转为 5 月份下降 2.7%，下跌幅度达 9.4 个百分点。非食品价格环比基本保持稳定，5 月份非食品价格环比增长 0.1%，与上月增幅持平（见图 2 –5）。

2. 工业生产者价格降幅继续收窄

自 2012 年 3 月以来，PPI 同比连续 51 个月位于负值区间。但进入 2016 年以后，PPI 同

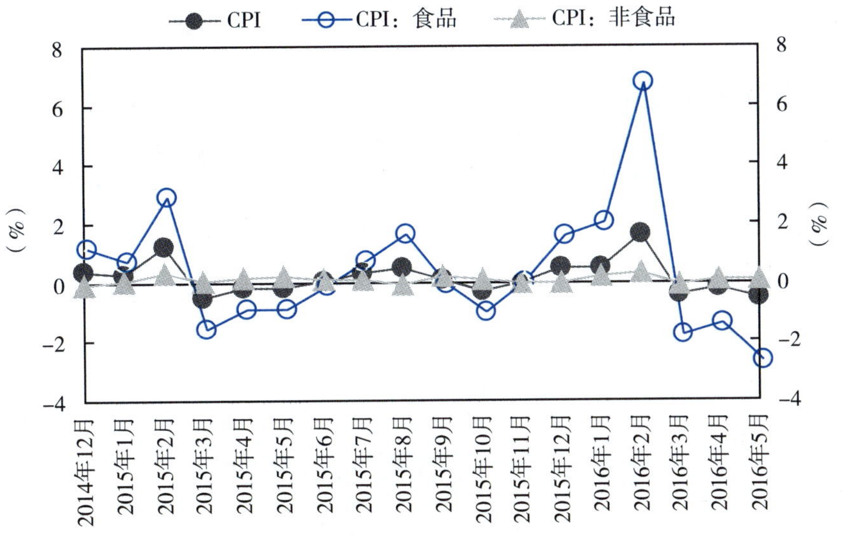

图 2-5　CPI 环比变化情况

资料来源：国家统计局。

比降幅持续收窄，5 月份 PPI 同比下降 2.8%，降幅比上个月缩小 0.6 个百分点，比 2015 年 12 月份缩小 3.1 个百分点。其中，生产资料价格同比下降 3.7%，降幅比上月收窄 0.8 个百分点，影响 PPI 下降约 2.7 个百分点；生活资料价格同比下降 0.2%，降幅与上个月持平，影响 PPI 下降约 0.1 个百分点。

2016 年 3 月 PPI 环比在持续 26 个月负增长后，首次由负转正，上涨 0.5%。4 月份 PPI 环比上涨率进一步扩大到 0.7%，5 月份则上涨 0.5%，增幅较上个月下降 0.2 个百分点（见图 2-6）。PPI 新涨价因素逐步扩大，翘尾因素降幅收窄。新涨价因素影响 PPI 由上月的 0.5 个百分点扩大到 1.0 个百分点。翘尾因素影响约 PPI 下降 3.8 个百分点，比上月降幅收窄 0.1 个百分点。

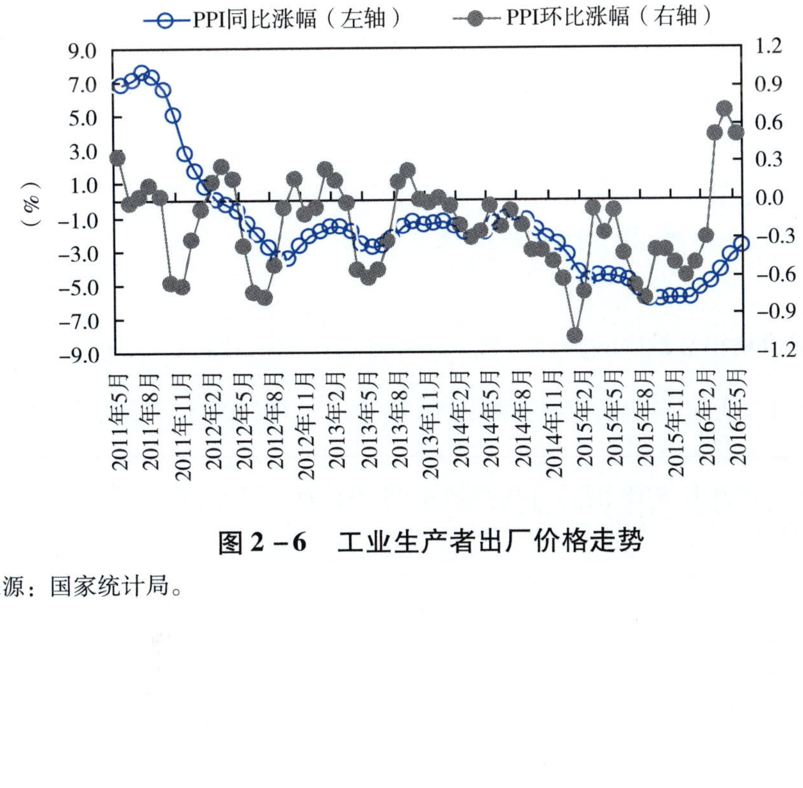

图 2-6　工业生产者出厂价格走势

资料来源：国家统计局。

3. 企业商品价格降幅持续缩小

中国人民银行监测的企业商品价格（CGPI）同比自 2012 年 4 月份以来持续位于负值区间，但自 2015 年 12 月以来，降幅已连续五个月缩小。2016 年 4 月份，CGPI 同比下降 4.0%，比上个月缩小 1.1 个百分点。其中，农产品价格同比上涨 6.9%，涨幅比上个月扩大 0.1 个百分点；矿产品价格同比下降 4.5%，降幅比上个月缩小 2.1 个百分点；煤油电同比下降 13.3%，降幅比上个月缩小 1.2 个百分点（见图 2－7）。

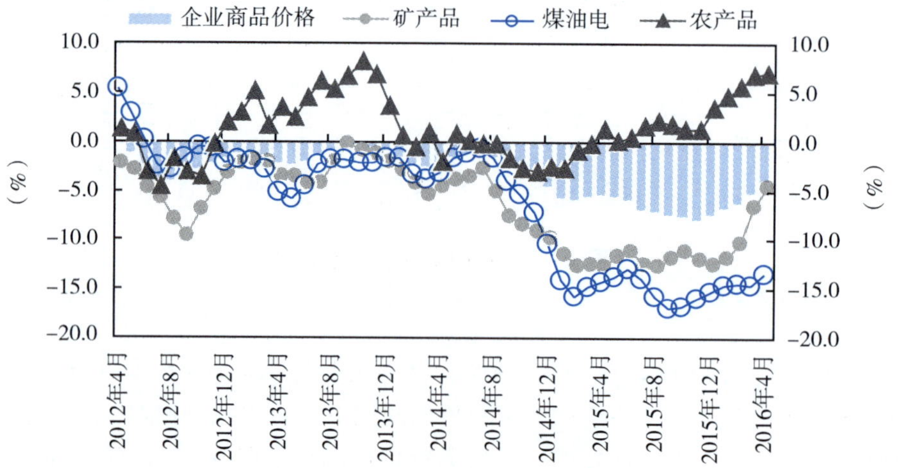

图 2－7　企业商品价格走势

资料来源：中国人民银行。

4. 出口价格降幅触底反弹，进口价格降幅大幅收窄

出口价格降幅触底反弹。2016 年 2 月份出口价格同比下降 6.1%，为 2009 年 12 月份以来最大跌幅；3 月、4 月份出口价格同比分别下降 3.7% 和 2.6%，降幅较 2 月份分别收窄 2.4 和 3.5 个百分点。进口价格降幅大幅收窄。2016 年 3 月份进口价格同比下降 11.6%，较上个月收窄 1.5 个百分点；4 月份进口价格同比下降 3.9%，较 3 月份大幅收窄 7.7 个百分点（见图 2－8）。

（二）国际大宗商品价格震荡上行

1. CRB 商品价格指数触底回升

2016 年 2 月 11 日 CRB 商品价格指数达到 155.01，为 2008 年金融危机以来的最低点。随后，CRB 商品价格指数开始震荡回升。2016 年 3 月 18 日 CRB 商品价格指数达到 176.91，小幅回调之后，6 月 20 日 CRB 商品价格指数达到 194.41，较 2 月 11 日反弹 39.4，反弹幅度达 25.4%（见图 2－9）。

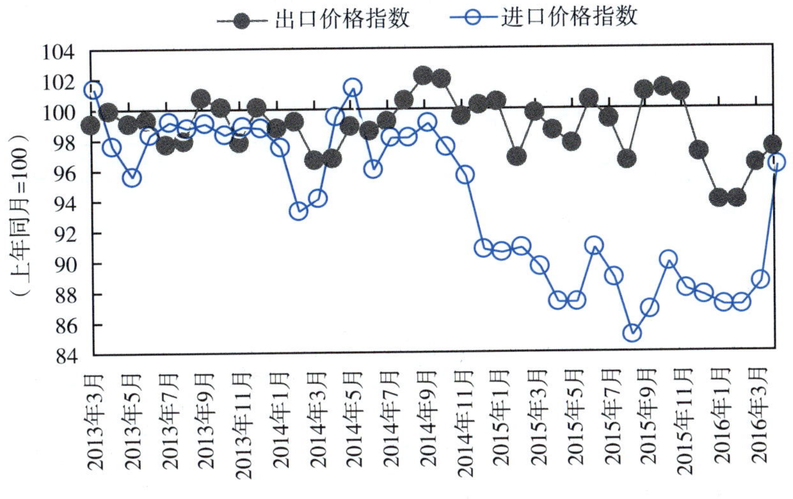

图2-8 进出口价格走势

资料来源：海关总署。

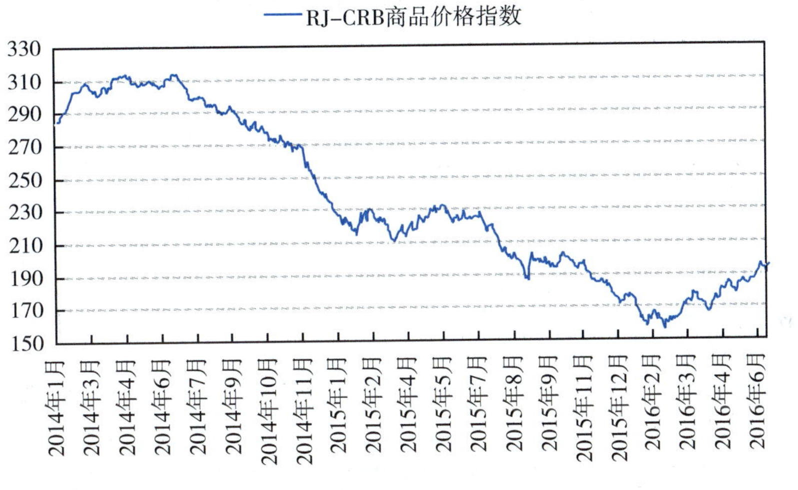

图2-9 RJ/CRB商品价格指数走势

资料来源：WIND。

2. 国际原油价格持续回升

2016年年初，国际原油价格继续震荡走低，1月20日布伦特原油期货价格和WTI原油期货价格分别收于每桶27.88美元和26.55美元的低点。此后，原油价格开始回升。6月20日，布伦特原油期货价格和WTI原油期货价格分别收于每桶50.65美元和49.37美元，较1月20日分别上涨81.7%和85.9%（见图2-10）。

3. 铁矿石价格冲高回落

普氏铁矿石价格指数（62% Fe：CFR中国北方）2016年3月7日达到64.2美元/干吨的一季度高点后又略有回落，此后逐渐走高，4月21日攀升至近期最高点70.5美元/干吨，随后铁矿石价格持续震荡走弱，6 月 20 日铁矿石价格收于 51 美元/干吨，较 4 月 21 日下跌 19.5 美元/干吨，下跌幅度达 27.7%（见图 2－11）。

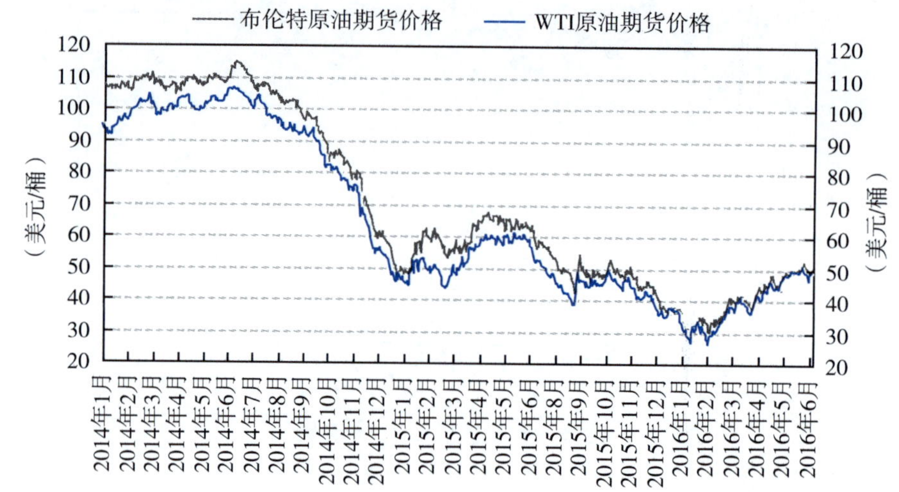

图 2－10　国际原油期货价格走势

资料来源：WIND。

图 2－11　铁矿石价格走势

资料来源：WIND。

4. 主要有色金属价格呈震荡走势

2016 年 1 月以来，国际铜和铝价格总体呈震荡走势，铜价格在区间 4300 美元/吨至 5100 美元/吨之间宽幅震荡，铝价格在区间 1500 美元/吨至 1650 美元/吨之间窄幅震荡。但国际铜和铝价格总体上有所上行，6 月 20 日，LME 铜和 LME 铜和铝价格分别为每吨 4585 美元和 1608 美元，较 1 月 11 日分别上涨 4.1% 和 9.2%（见图 2－12）。

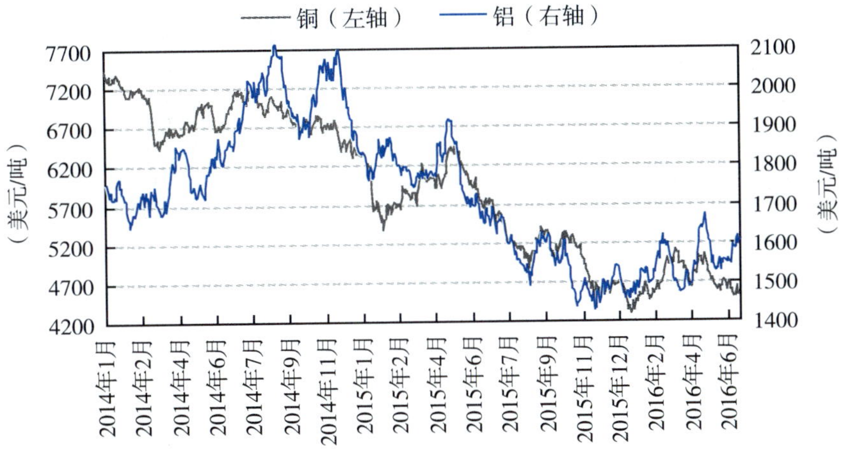

图 2－12　LME 铜和铝价格走势

资料来源：CEIC。

5. 主要农产品价格反转上行

2016 年 3 月份以来，CBOT 大豆、玉米、小麦和稻谷期货价格均出现较明显的上涨趋势。其中，大豆和玉米涨幅较高，6 月 20 日，CBOT 大豆和玉米的期货结算价分别为 11.3 美元/蒲式耳和 4.3 美元/蒲式耳，较 3 月 1 日分别上涨 31.4% 和 10.3%；CBOT 小麦和稻谷期货结算价格分别为 4.9 美元/蒲式耳和 11.4 美分/英担，较 3 月 1 日分别上涨 8.9% 和 6.5%（见图 2－13）。

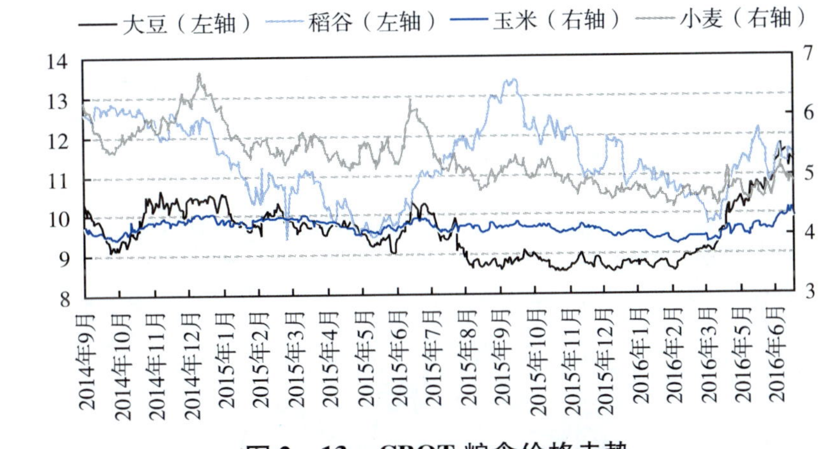

图 2－13　CBOT 粮食价格走势

注：图中大豆、玉米、小麦价格单位为美元/蒲式耳，稻谷价格单位为美分/英担。

资料来源：CEIC。

（三）资产价格总体上升

1. 一线城市新建住宅价格涨幅回落

2016 年 3 月份，一线城市新建住宅价格环比上涨达到 2015 年 12 月份以来的高点，5 月份一线城市新建住宅价格环比涨幅有所回落。从新建住宅看，5 月份北京、上海、广州、深圳价格环比分别上涨 2.2%、1.9%、2.7% 和 0.5%，北京、上海和深圳较上个月分别下降 0.5、1.2 和 1.8 个百分点，广州较上个月上升 0.3 个百分点。从二手住宅看，5 月份北京、上海、广州和深圳价格环比分别上涨 2.3%、1.4%、1.9% 和 0；涨幅较上个月分别下降 1.4、1.1、0.7 和 0.4 个百分点（见图 2－14）。

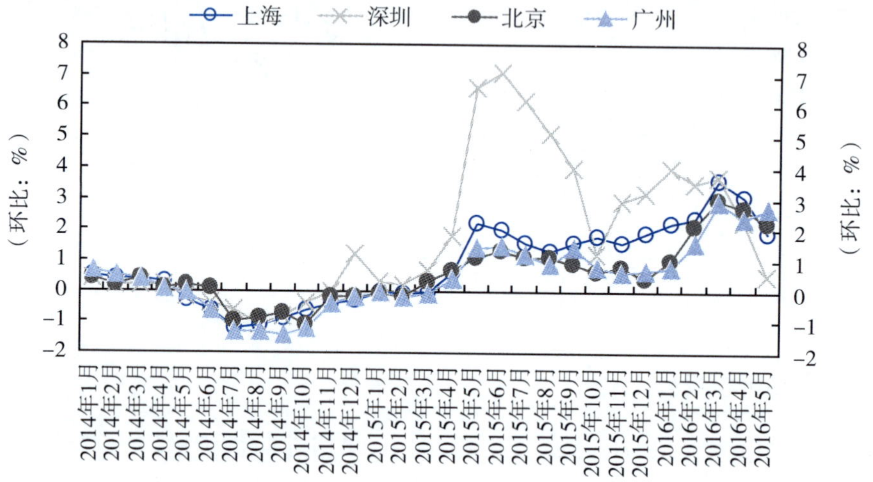

图 2－14　一线城市新建住宅价格环比变动情况

资料来源：国家统计局。

2. 股票价格振幅收窄

3 月份以来，股票价格总体保持平稳，振幅有所收窄。上证综合指数在区间 2800 点至 3100 点震荡调整，6 月 20 日上证综合指数收于 2888.81 点，较 3 月 1 日上涨 155.64 点，涨幅为 5.7%；上交所平均市盈率为 14.25 倍，较 3 月初上升 3.6%（见图 2－15）。

图 2－15　上证指数和上交所平均市盈率走势

资料来源：WIND。

3. 中债价格指数下跌，债券收益率普遍上升

中债总净价指数和中债国债总净价指数3月份开始逐渐回升，4月初达到近期高点，随后持续下跌。6月20日，中债总净价指数和中债国债总净价指数分别为118.82和119.89，分别较近期高点4月1日下跌0.9%和1.3%（见图2－16）。4月末，不考虑隔夜收益率，国债、政策金融债、企业债（AAA）和中短期票据（AAA）各关键期限点较上月末平均上行18.06BP、23.17BP、21.86BP和22.3BP。

图2－16　中债指数走势

资料来源：WIND。

二、成因分析

■ 从宏观层面看，总需求相对稳定致使价格总体趋稳。从微观上看，天气条件改善导致鲜菜供应大量增加，猪肉进口增加和储备肉投放对猪肉供应偏紧局面稍有缓解，食品价格涨势有所放缓，从而影响CPI趋稳。美联储加息预期下调和原油供给收缩等因素影响国际大宗商品价格总体回升，在此背景下，国内工业品供求关系调整推动PPI持续回升。

（一）总需求相对稳定致使价格总体趋稳

2015年末及2016年初，在经济下行压力较大的情况下，宏观经济政策对刺激总需求回升发挥了显著作用，由此促使价格水平出现回升。但我国近期经济政策总的取向是适度扩大总需求，着力推进供给侧结构性改革，加之全球增长低迷、国内产能过剩、结构性因素对总需求增长制约较大，总需求扩张受到很多客观限制，因此，总需求总体上呈现出相对平稳状况，对价格的影响也相对稳定。

1. 投资增速稳中趋缓

投资增速在1季度企稳回升后，2季度又有所放缓。1~5月份，全国固定资产投资累计同比增长9.6%，增速比1~3月份下滑1.1个百分点，比上年同期下滑1.8个百分点。与此同时，民间固定资产投资增速持续下滑，1~5月份同比增长3.9%，增速比1~3月份下滑1.8个百分点，比上年同期降低8.2个百分点；民间固定资产投资占全国固定资产投资的比重为62.0%，比上年同期降低3.4个百分点（见图2-17）。在民间投资不振的情况下，政府投资对支撑投资增长发挥了很大作用。

基建投资增速维持高位。随着稳增长政策措施不断落地，基建投资增长加快，对投资增长的支撑作用增强。1~5月份，基础设施建设投资（不含电力）累计同比增长20%，增速比1~3月份提高0.4个百分点，

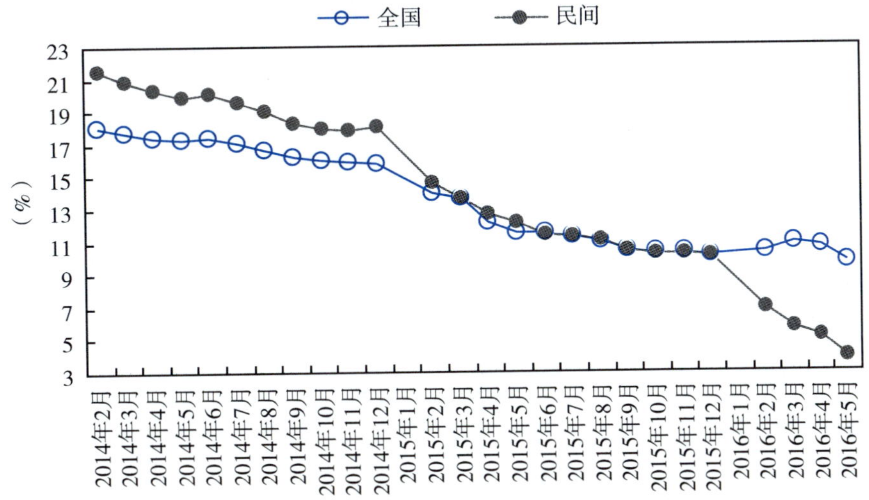

图 2－17　全国及民间固定资产投资累计同比增速

资料来源：WIND。

比上年同期提高 1.9 个百分点。其中，公共设施管理业投资增长 29.4%，增速比上年同期提高 13.4 个百分点；水利管理业投资增长 23.5%，增速比上年同期提高 7.4 个百分点；教育行业投资增长 23.2%，增速比上年同期提高 5.8 个百分点；文化、体育和娱乐业投资增长 11.6%，增速比上年同期提高 6.1 个百分点。

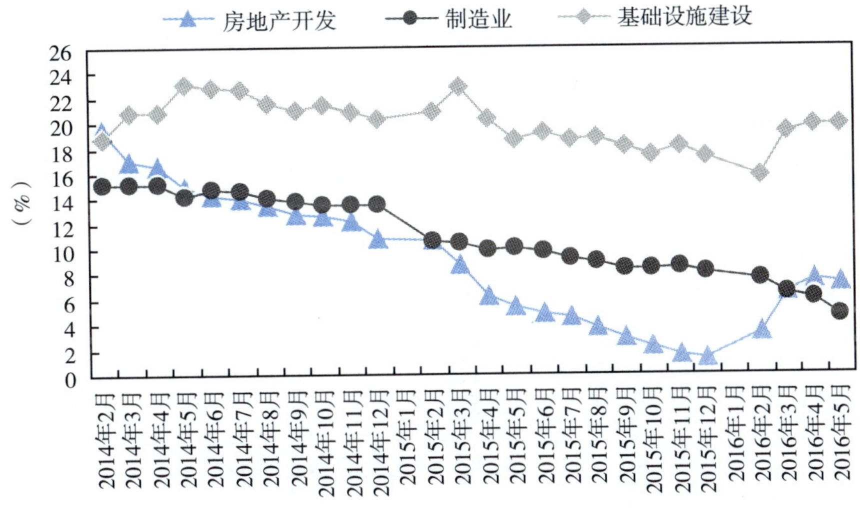

图 2－18　三大固定资产投资累计同比增速

资料来源：WIND。

房地产开发投资增速稳中趋缓。在商品房销售火爆和价格高速增长的带动下，2016 年 1～3 月份房屋新开工面积和房地产开发投资大幅回升，同比增速分别达到 19.2% 和 6.2%，比 2015 年全年分别提高 33.2 和 5.2 个百分点。进入二季度后，房地产开发投资增速回升势头有所减缓。1～5 月份，房屋新开工面积累计同比增长 18.3%，比 1～3 月份下降 0.9 个百分点。房地产开发投资累计同比增长 7%，增速比 1～3 月份提高 0.8 个百分点，比 1～4 月份回落 0.2 个百分点。其中，住宅投资增速保持升势，1 ~5 月份同比增长 6.8%，比 1 ~3 月份提高 2.2 个百分点，比 1 ~4 月份提高 0.4 个百分点（见图 2 -19、图 2 -20）。

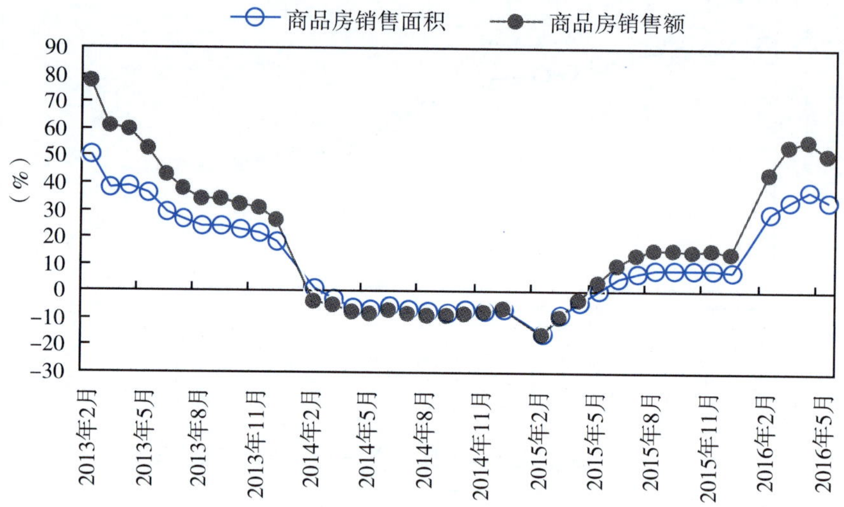

图 2 -19　商品房销售面积和销售额累计同比

资料来源：WIND。

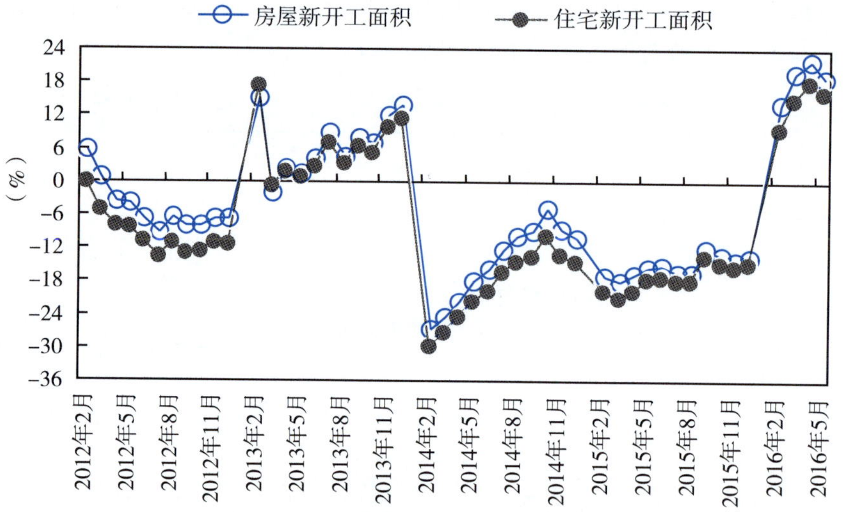

图 2 -20　房屋新开工面积累计同比

资料来源：WIND。

制造业投资增速延续下滑态势。受产能过剩矛盾仍然突出、市场需求不足和企业盈利前景不明的影响，制造业投资增速继续下滑。1 ~5 月份，制造业投资累计同比增长 4.6%，增速比 1 ~3 月份减少 1.8 个百分点，比上年同期减少 5.4 个百分点。其中，5 月份同比增长 1.3%，创 2013 年以来新低。分行业看，化学原料及化学制品制造业、运输设备制造业等行业投资持续负增长，非金属矿物制品业投资增速由正转负，金属制品业、通用设备制造业、专用设备制造业、电子设备制造业等行业投资增速比上年同期也有较大幅度下滑（见表 2 -1）。

表2－1　2016年1～5月固定资产投资累计同比增速低于10%的行业　单位:%

	2013年	2014年	2015年	2016年1～5月
采矿业	10.9	0.7	－8.8	－16.4
煤炭开采和洗选业	－2.0	－9.5	－14.4	－32.9
石油和天然气开采业	23.7	6.1	－5.7	－16.9
黑色金属矿采选业	10.4	2.6	－17.8	－24.5
有色金属矿采选业	19.7	2.9	－2.3	9.7
非金属矿采选业	14.4	13.9	2.1	1.2
制造业	18.5	13.5	8.1	4.6
化学原料及化学制品制造业	17.1	10.5	3.3	－4.2
非金属矿物制品业	14.8	15.6	6.1	－0.5
黑色金属冶炼及压延加工业	－2.1	－5.9	－11.0	4.3
有色金属冶炼及压延加工业	20.6	4.1	－4.0	0.2
金属制品业	20.9	21.4	10.0	4.4
通用设备制造业	23.5	16.4	10.1	4.0
专用设备制造业	18.5	14.1	8.5	1.8
铁路、船舶、航空航天和其他运输设备制造业	16.4	16.1	2.2	－9.9
计算机、通信和其他电子设备制造业	20.2	10.7	13.3	8.7
建筑业	1.4	27.2	10.2	1.2
交通运输、仓储和邮政业	17.2	18.6	14.3	9.4

资料来源：WIND。

2. 消费需求相对稳定

在经济增长放缓、城乡居民收入增幅回落和就业压力逐步显现的背景下，社会消费品零售总额增速有所放缓。5月份，社会消费品零售总额当月同比增长10%，比上年12月份下降1.1个百分点。3～5月份社会消费品零售总额实际当月同比增长分别为9.7%、9.3%和9.7%，为2013年以来的低点（见图2－21）。

商品零售和餐饮收入的增速双双下滑是影响社会消费品零售总额增速放缓的原因。商品零售的增长继续呈现每年年初回落的规律，4月、5月份增速都为9.9%，与上年同期的低点相当。餐饮收入的增速在2015年出现明显回升后，2016年总体上呈下滑趋势。5月份餐饮收入的增速为10.9%，比上年末下降0.3个百分点，比上年同期下降0.8个百分点。

从商品零售的分项情况看，受房地产市场销售回暖的影响，部分居住类商品增速保持高位，5月份限额以上单位家具类、建筑及装潢材料类商品累计同比分别增长16.1%和16%。

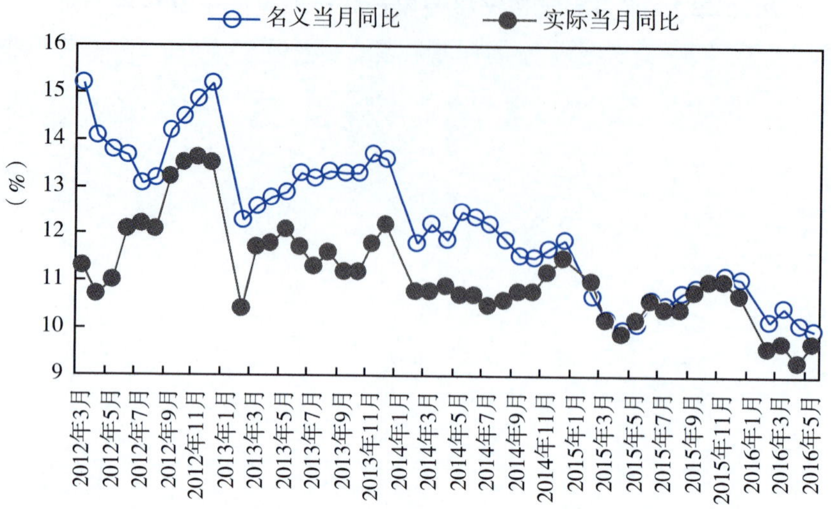

图 2－21　社会消费品零售总额名义及实际当月同比增速

资料来源：WIND。

随着 2015 年 9 月份以来支持新能源和小排量汽车发展的各项措施效果持续显现，汽车类商品销售额增速回升，1～5 月份限额以上单位汽车类商品销售累计同比增长 7.3%，增速比 1～3 月份下降 0.4 个百分点，比上年同期加快 2.7 个百分点。但通信器材、家用电器和音像器材等商品销售额增速继续回落，1～5 月份限额以上单位通信器材、家用电器和音像器材类商品销售同比分别增长 15.6% 和 6.1%，增速分别比 1～3 月份回落 3.3 和 1.1 个百分点，比上年同期回落 22 和 4.7 个百分点（见图 2－22）。

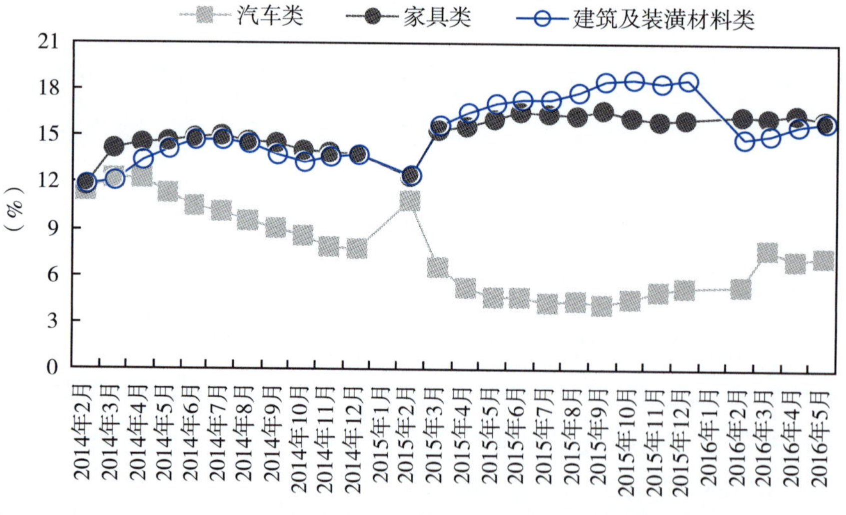

图 2－22　限额以上单位商品零售累计同比增速

资料来源：WIND。

3. 出口需求仍然疲弱

在主要发达经济体增长仍然缓慢、全球贸易萎缩的背景下，出口增速尽管有所回升，但未有趋势性改变。1 ~5 月份，我国出口金额累计同比下降 7.3%，降幅虽然比第一季度收窄 2.3 个百分点，但仍比上年同期下跌 7.6 个百分点。对主要贸易伙伴累计出口金额仍然负增长。1 ~5 月份，我国对美国出口金额累计同比下降 9.6%，降幅比第一季度扩大 0.8 个百分点；对日本出口金额累计同比下降 6.6%，降幅比第一季度扩大 1.1 个百分点；对欧盟、东盟和香港地区出口金额累计同比分别下降 4%、7.5% 和 4.7%，降幅比第一季度有所减小（见图 2 -23）。从贸易方式来看，一般贸易表现好于加工贸易，1 ~5 月份，一般贸易累计出口 2.94 万亿元，增长 0.8%；加工贸易累计出口 1.71 万亿元，下降 9.7%。

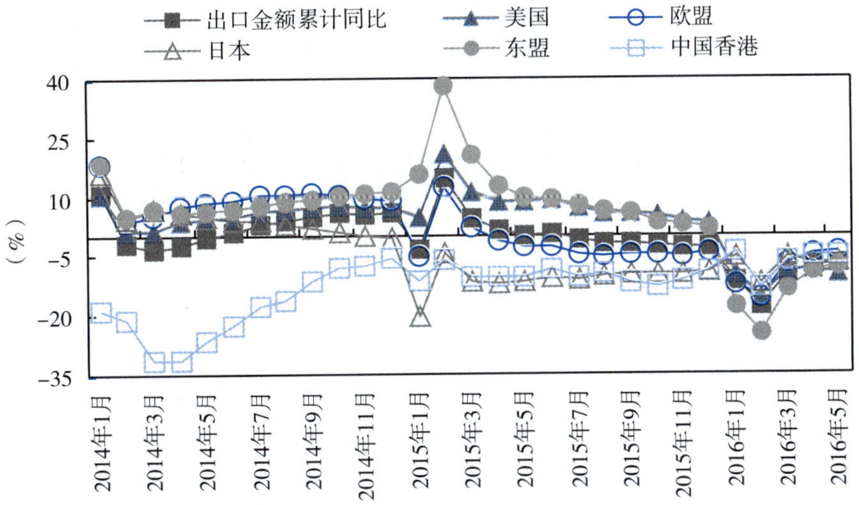

图 2 -23　我国出口总额及对主要贸易伙伴出口累计同比增速变化趋势

资料来源：海关总署。

（二）供给因素使食品价格上涨形势有所缓和

由猪肉和鲜菜价格大涨推动的食品价格上升是导致 2015 年末 2016 年初 CPI 涨幅回升的直接原因。2016 年 3 月份食品价格同比涨幅达到 7.6%，创 2012 年 4 月份以来的新高。进入二季度后，受天气及其他因素影响，鲜菜供应明显改善，猪肉供需紧张情况也有所缓解，食品价格涨幅高位回落，带动 CPI 同比涨幅趋稳。

1. 天气因素影响鲜菜价格高位回落

鲜菜价格涨幅变动主要受天气因素的影响。2016 年初，低温寒潮天气袭击我国大部分地区，影响鲜菜的生产和运输，导致 3 月份与上年同期相比，鲜菜供应相对不足，价格同比上涨较多。3 月份鲜菜价格同比上涨 35.8%，创下 2010 年以来的月度最高涨幅，影响 CPI 上涨约 0.92 个百分点。随着天气转好，应季鲜菜上市，市场供应逐步增加，鲜菜价格趋于正常。从 50 个城市主要食品价格监测看，4 月、5 月份鲜菜价格回落幅度较大，部分鲜菜价格下降幅度甚至超过五成。从价格指数走势看，主要蔬菜批发价格指数自 3 月份以来均呈高位回落的趋势。4 月、5 月份国家统计局统计的鲜菜价格同比分别上涨22.6%和6.4%，影响CPI上涨约0.56和0.14个百分点，比3月份对CPI的拉动显著减小（见图2-24、图2-25）。

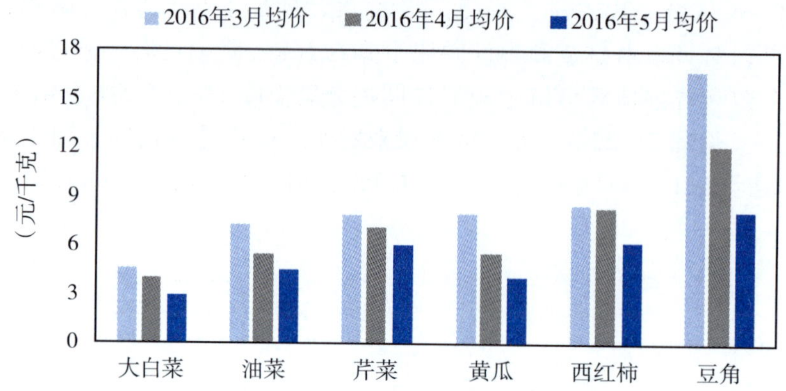

图2-24　50个城市主要鲜菜平均价格变动情况

资料来源：国家统计局。

图2-25　蔬菜批发价格指数变动情况

资料来源：WIND。

2. 进口增加和储备肉投放对猪肉供应偏紧局面稍有缓解

3～5月份，猪肉价格继续高位运行，同比分别上涨28.4%、33.5%和33.6%，影响CPI上涨约0.64、0.75、0.77个百分点；环比分别上涨-1.3%、3.2%和2.3%，影响CPI环比上涨约-0.04、0.09、0.07个百分点。猪肉价格持续上涨主要受市场供应仍然偏紧的影响。由于过去两年生猪养殖持续亏损，部分养殖户对补栏仍持观望态度，生猪产能处于近年低位。5月份生猪存栏量同比减少2.9%，已经连续30个月减少。

在猪肉供应偏紧、价格不断上涨的情况下，猪肉的进口增加、出口减少在一定程度上增加了国内猪肉供应，对价格上升有所抑制。2016年4月份进口量达到11.8578万吨，为

2008年以来最高（见图2－26）。此外，为应对猪肉价格过快上涨，4月份以来，北京、成都、大连、西安、重庆等地陆续实施储备肉投放计划，调控市场供应。尽管进口与储备肉投放尚不能完全弥补供给缺口，但在一定程度上抑制了猪肉价格上升。

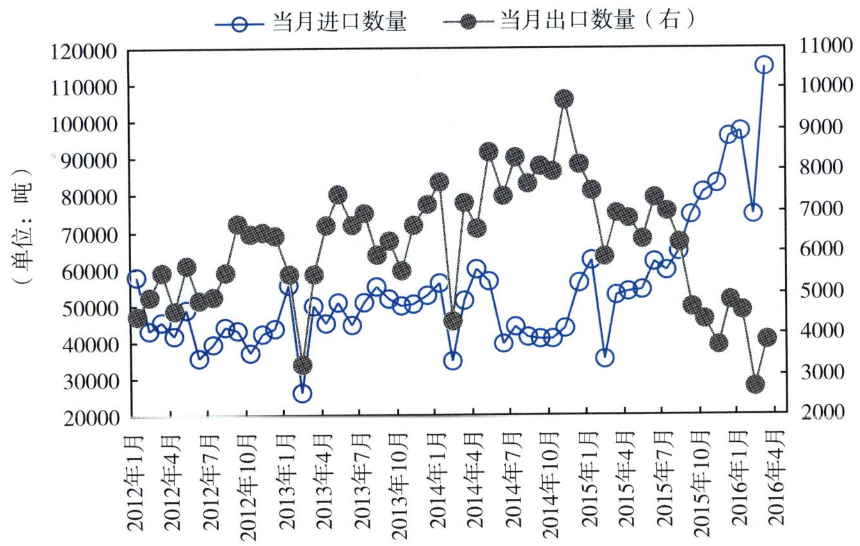

图2－26　猪肉当月进出口数量变化情况

资料来源：WIND。

（三）大宗商品价格反弹和工业品供求调整导致PPI回升

1. 大宗商品价格回升影响PPI变动

受美联储加息预期下调、主要经济体货币政策宽松、原油供给收缩等因素的影响，3～5月份大宗商品价格总体反弹，通过贸易等多渠道影响了国内相关商品价格走势，推动了部分工业品价格上涨，并通过产业链波及了其他产品价格。伴随国际原油价格不断上升，国内成品油价格在4月27日、5月12日和26日、6月9日先后四次上调。从相关行业看，3～5月份石油和天然气开采业价格环比保持10%左右的涨幅，有色金属矿采选业价格环比保持正增长，黑色金属矿采选业价格环比止跌回升。5月份黑色金属矿采选业、石油和天然气开采业、煤炭开采和洗选业、有色金属矿采选业、非金属矿采选业等行业价格同比降幅比上年同期分别收窄18.3、14.6、3.8、2.2和1.5个百分点（见图2－27）。

2. 供求关系调整推动工业品价格回升

2016年以来，我国在适度扩大总需求的同时，着力加强供给侧结构性改革，主要是抓好“去产能、去库存、去杠杆、降成本、补短板”五大任务，相关工作有序推进。从供给角度看，钢材、煤炭等行业供给收缩。2016年1～5月份，全国原煤、焦炭、生铁、粗钢产量分别比上年同期下降8.4%、5.7%、2.8%和1.4%。在供给收缩的同时，需求出现短期改善的迹象。随着房地产去库存以及各地调控政策的累积效应不断显现，2016年以来，商

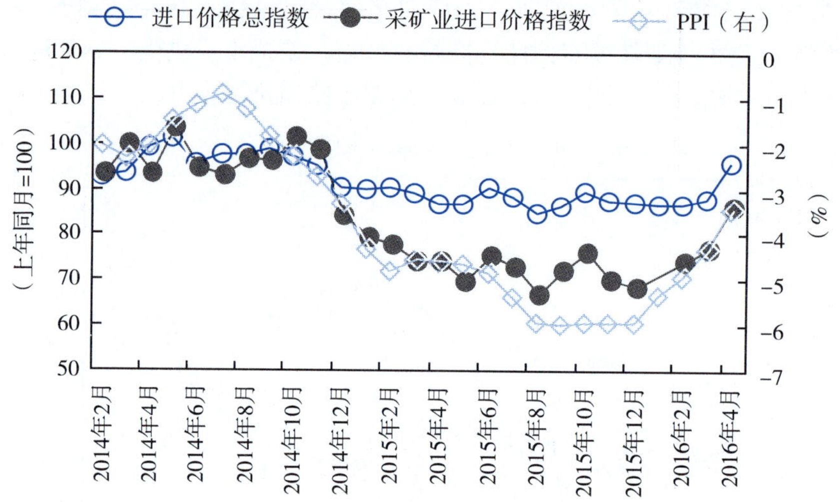

图 2 – 27　进口价格指数及同比变动趋势

资料来源：WIND。

品房销售持续增长，带动房地产开发投资企稳反弹。伴随稳增长政策措施不断落地，基础设施投资力度不断加大。房地产投资、基建投资等的短期变化增加了对钢铁、水泥等相关工业品的需求，对相关工业品的价格产生了直接和间接的影响（见图 2 – 28）。

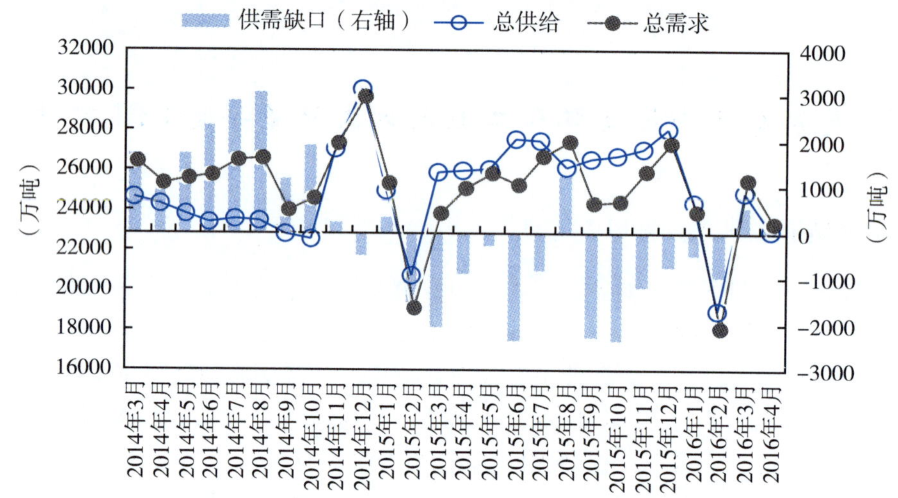

图 2 – 28　动力煤供求及供需缺口变动趋势

资料来源：WIND。

总体来看，在供给收缩、需求增加的背景下，部分产品供过于求的状况得以缓解甚至改变，供求关系调整对相关工业品价格的支撑作用增强。中下游产业中，从环比看，2016 年 3 ~ 5 月份，黑色金属冶炼及压延加工业、有色金属冶炼及压延加工业价格保持正增长；金属制品业价格环比止跌回升。从同比看，2016 年 5 月份，黑色金属冶炼及压延加工业价格同比由负转正，2016 年 5 月份同比增长 1.7%，增速比上年同期提高 17.4 个百分点（见图 2 – 29）。

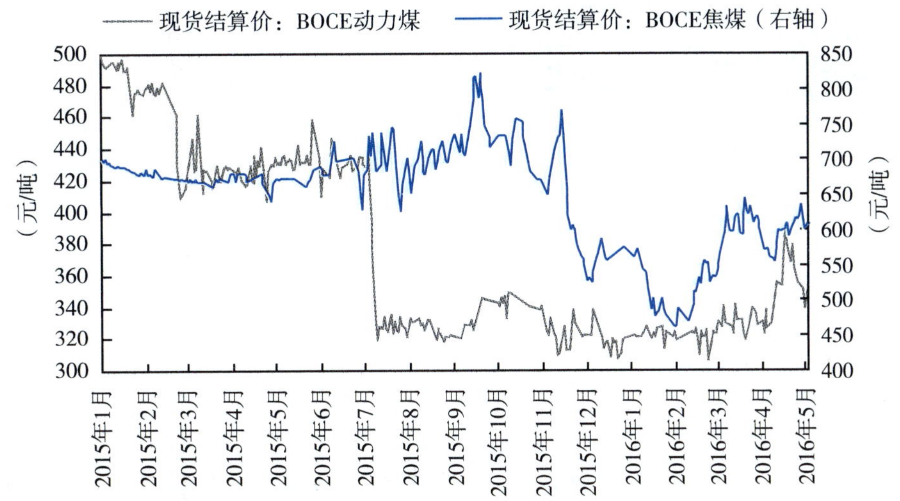

图 2－29　煤炭价格变动趋势

资料来源：WIND。

三、趋势展望

■ 年内经济仍存在下行压力，但宏观经济政策将有助于经济稳定，预计总需求因素对价格的影响较为有限。从供求关系看，农产品和国际大宗商品价格将基本稳定；但美联储加息和地缘政治风险等不稳定因素有可能造成国际大宗商品价格震荡；气候因素对农产品供给和价格的影响也存在不确定性。如果不发生大冲击，预计下半年CPI同比涨幅有所回落，全年在2%左右；PPI同比降幅总体收窄，全年下降2.1%左右。

（一）总需求仍将基本稳定，对价格的影响较为有限

1. 先行指标显示经济仍存在下行压力

宏观经济先行指标显示当前经济下行压力有所加大。中采PMI指数为50.1%，与上月持平，处于荣枯线以上。从中采PMI分项指数看，供给在短期有所回稳，需求仍然不足。5月份，生产指数为52.3%，较上月上升0.1个百分点，继续处于扩张区间，显示制造业生产持续扩张，受此影响，采购量指数为51.2%，较上月上升0.2个百分点，企业采购意愿有所增强。供给回升主要得益于年初基建和房地产投资政策的刺激效应，或较难持续。在需求端，新订单指数为50.7%，较上月下降0.3个百分点，新出口订单指数为50.0%，比上月下降0.1个百分点，两个指数均连续两个月出现回落，显示出需求增长动力不足。分企业规模看，大、中、小型企业的PMI指数分别为50.3%、50.5%、48.6%，与上月相比，分别变动-0.7、0.5、1.7个百分点。大企业处于扩张区间，得益于年初国家大型开发项目上马，而5月份大型企业PMI指数下降主要受结构调整和去产能影响；中小企业PMI指数有所回升，表明政策刺激对中小企

业产生了一定的带动作用，但小企业持续处于收缩区间，表明小企业的困难仍较大。

此外，非制造业商务活动指数为53.1%，比上月回落0.4个百分点，其中建筑业为59.4%，与上月持平，但建筑业业务活动预期指数为61.2%，较上月下降5.5个百分点，出现大幅回落。服务业为52%，下降了0.5个百分点。显示非制造业中的建筑业和服务业形势同样不容乐观（见图2-30）。

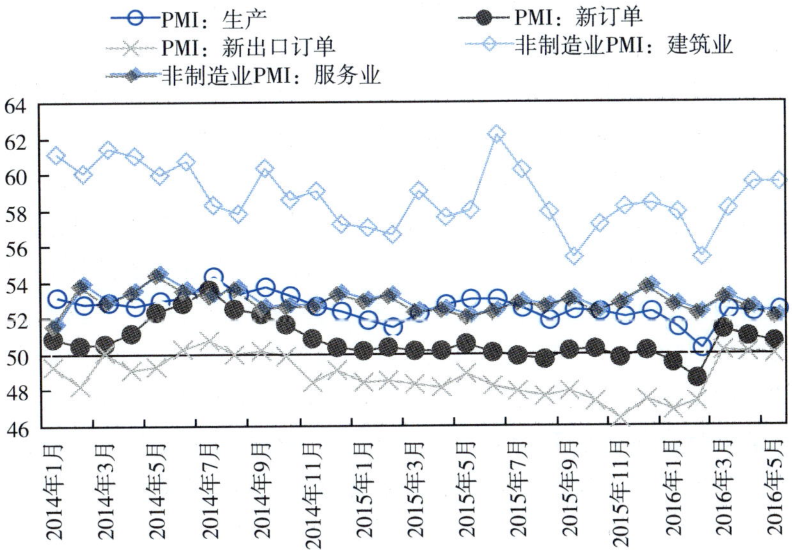

图2-30 中采PMI主要分项指标变动情况

资料来源：WIND。

2. 总需求的内在增长动力有限

（1）固定资产投资增长将延续疲软态势。

2016年前5个月，在房地产投资恢复增长和基建投资增速保持高位的情况下，固定资产投资增速仍下滑至9.6%，为2001年以来的新低，这主要是受民间投资和制造业投资的拖累。在民间投资短期内难以大幅改善、房地产投资增速上升动能不足和基建投资进一步扩张空间有限的情况下，下半年固定资产投资有可能延续疲弱态势。

房地产投资增速可能呈现小幅波动。从商品房库存看，房地产库存总量依然较大，去库存的总体格局不变。2016年2月份商品房待售面积达到历史峰值，3~5月份逐月下降，5月末全国商品房待售面积7.22亿平方米，但仍然高于2014年末和2015年末的库存水平。此外，地区间情况差异大，三、四线城市库存高的问题仍然突出。非住宅商品房库存持续增加的问题仍需关注，5月末办公楼增加7万平方米，商业营业房增加105万平方米。从商品房销售和价格看，商品房销售增速有所放缓，1~5月份全国商品房销售同比增长33.2%，增速比1~4月份回落3.3个百分点；销售额增长50.7%，增速回落5.2个百分点。5月份房地产价格环比上涨城市个数减少，涨幅有所收窄，70个大中城市新建商品住宅和二手住宅价格环比上涨的城市分别有60个和49个，分别比上月减少5个和2个；涨幅比上月收窄的城市分别有36个和25个，分别比上月增加15个和5个。在此背景下，虽然有部分房地产企业拿地意愿仍然较强，但土地购置面积仍同比下降5.9%，表明多数企业对未来投资持谨慎态度。基于投资通常滞后销售 3 ~ 6 个月的经验，后续房地产投资同比增速继续上升的可能性较小。在政策层面，目前限制性政策对一线城市销售打压明显，2016 年 3 月上海和深圳出台了包括限购在内的一系列紧缩措施。从 5 月下旬开始，一些二线城市开始打压房价，例如苏州、南京对某些出让土地设定了最高价。另外，从长期看，人口老龄化导致的购房需求减弱也将对未来房地产投资产生抑制作用。总体看，即便 5 月增速的微幅回落只是短期波动，后续增长空间也已经不大，预计房地产投资将在目前水平上小幅波动。

制造业投资可能难以明显改观。目前制造业市场需求不振，产能过剩现象较为普遍，投资意愿总体不足。随着去产能力度继续加大，传统产业加速收缩，而新型产业短期难有起色，制造业投资空间将更为有限。加之租金和期望工资等企业成本居高不下，企业杠杆率高企，债务负担较为沉重，制造业投资更加困难。但近期也存在有利于制造业投资改善的因素：一是上半年工业企业利润增速呈恢复性增长，或将增强企业投资意愿和能力；二是近期国务院对民间投资情况进行了专项督察，将对一些制约民间投资增长的突出问题采取针对性措施，有利于民间投资增长，可在一定程度上促进制造业投资增长。但总体来看，制造业投资增长既受周期性因素制约，也受结构性问题影响，短期内难以出现明显改观。

基建投资可能维持高位，但完全对冲其他投资下滑的困难较大。在经济下行压力仍较大、民间投资下滑的背景下，基建投资未来依然是稳增长的着力点。5 月份，国家发改委和交通运输部出台了《交通基础设施重大工程建设三年行动计划》，将带动 4.7 万亿基建投资，对于维持基建投资高位平稳增长将起到很大作用。但目前基建投资对其他投资增长的带动作用逐步减弱，政府投资的挤出效应较为明显，财政收支矛盾、地方政府债务率较高仍是制约基建投资增长的问题。从预算内资金来看，5 月份公共预算收入同比增长 7.3%，较上月大幅下降 7.1 个百分点。虽然近期“地王”频出，全国政府性基金收入增长可能会有所改善，但由于中国房地产市场已经接近“长周期拐点”，未来土地收入大幅提高的可能性不大。

（2）出口增长或将保持低迷。

5 月份外贸出口先导指数为 33.1%，比上月回落 0.7 个百分点。同期出口经理人指数、新增出口订单指数和出口信心指数分别出现 1.2、1.8 和 1.4 个百分点的下滑，反映出外贸企业对 6 月及后续季度的出口情况的疑虑和担忧。

从实际情况看，外贸企业对出口的担忧不无理由。近期国际货币基金组织、世界银行和经合组织纷纷下调了全球经济增速预测，平均下调幅度为 0.4 个百分点。全球经济复苏乏力将使外需低迷，对出口增长形成压制。并且，在经济低迷的背景下，贸易保护主义兴起，2016 年美国、欧盟对中国展开了多起反倾销调查，日本近期也要加入此阵营，这将对我国出口进一步产生不利影响。

但对新兴市场和发展中经济体出口市场的开拓有可能在一定程度上弥补出口损失。在“一带一路”战略下，我国对外投资对出口的带动作用有可能逐步显现。截至 2015 年底，中国与“一带一路”沿线国家的贸易额已大约占到同期外贸总值的 1/4，若“一带一路”战略发展顺利，有可能带动更多出口增长。此外，近期国际大宗商品价格企稳也可能改善资源出口国的经济状况，增加对我国的进口需求。然而，总体而言，新兴市场和发展中国家目前面临的困难和风险都较大，对我国出口需求增长的作用不容乐观。

(3) 消费增速有可能出现小幅回落。

一是居民收入增速放缓有可能影响消费增长。一季度，全国居民人均可支配收入名义同比增长8.7%，比2014年同期下降2.4个百分点。两年中，除2015年3季度增速比上季度略有回升外，其余时间增速一直下滑。居民人均可支配收入的实际增速也下降较快，2016年1季度居民人均可支配收入实际增长6.5%，较2014年同期下降2.1个百分点，其中，较上个季度下降0.9个百分点，降幅较大。在此情况下，居民消费增长有可能继续下滑。二是近期就业压力渐显，这有可能影响居民的收入增长预期，进一步影响消费增长。三是房地产销售回落将导致家具、建材等消费的增速下滑。2015年以来，受房地产销售旺盛的影响，家具、建材等消费高速增长，对整体消费增长发挥了很大带动作用。然而，近期房地产销售放缓，将对家具、建材等消费的增长产生影响。四是受汽车减税政策边际作用减弱，以及实施“国五”标准等因素影响，汽车类消费增速将收窄。另外，考虑到2015年下半年基数逐渐升高，未来消费增速或将出现小幅回落。

3. 宏观政策将会促使总需求保持相对稳定

在供给侧结构性改革背景下，宏观政策仍将以稳增长和防风险为底线，主基调是积极的财政政策和稳健的货币政策。

预计下半年积极的财政政策将持续在减税降费、优化支出结构和加大财政资金统筹使用等方面加大力度，提高在教育、医疗、农业和节能环保等领域的支持，PPP和专项金融债等准财政政策也将继续发挥作用。稳健的货币政策则着力为供给侧结构性改革提供相对有利的货币环境，防范去产能、去杠杆过程中滋生的信用风险。预计货币信贷增速将保持合理适度增长，总体货币环境保持中性。

总体来看，积极的财政政策和稳健的货币政策不会对经济形成强刺激，但有助于结构调整和总需求稳定，从而为价格稳定奠定基础。

（二）食品价格涨幅可能保持基本稳定

1. 猪肉价格短期将维持高位，但继续上涨的空间有限

近期蔬菜价格大幅回落后，猪肉价格将成为影响下半年CPI走势的关键因素。目前看，短期内猪肉价格仍将维持相对高位，但进一步上涨的空间非常有限，对CPI的拉动作用将明显减弱。

预计生猪供应总体偏紧格局仍将持续一段时间。目前能繁母猪存栏量仍底部徘徊，5月环比下降0.3%，表明生猪产能恢复仍需时日。与此同时，在供给紧张和补栏显著回升的双重作用下，仔猪价格持续高位，5月份22省市仔猪价格平均达到65元/千克左右，这也将抑制生猪产能恢复。此外，5月份环保部出台最新的畜禽养殖禁养规定，20多个省份被列入禁养规划名单，对环保不达标或不能实现规模化养殖的猪场将进行关停处理，这项政策将对生猪出栏量产生影响。

但猪肉价格进一步上涨的空间有限。一是猪肉价格过高抑制消费，特别是6~8月份将

进入猪肉消费淡季，加之牛羊肉及禽肉价格稳中有降，对猪肉的替代效应明显增强，消费需求减弱将抑制价格上涨。二是 6 月初 22 省市平均猪粮比价达到 11.16，已经远远高出盈亏平衡点，这将在很大程度上刺激生猪供应的增长。根据农业部发布的监测数据，5 月份全国生猪存栏环比增长 0.4%，连续 3 个月环比增长，表明生猪产能已经触底回升，逐步进入增长通道。三是猪肉的进口增加、出口减少也将在一定程度上增加国内猪肉供应，抑制价格上升。目前国内猪肉价格接近国外的 2 倍，在巨大价差的刺激下，进口猪肉可能继续增加。四是储备肉调控市场供应的作用仍将发挥。五是从对 CPI 同比涨幅的影响看，2015 年 3 月份猪肉价格开始上升，特别是 2015 年 8 ~9 月份为年内高点，基期因素将拉低下半年猪肉价格的同比涨幅（见图 2 -31、图 2 -32）。

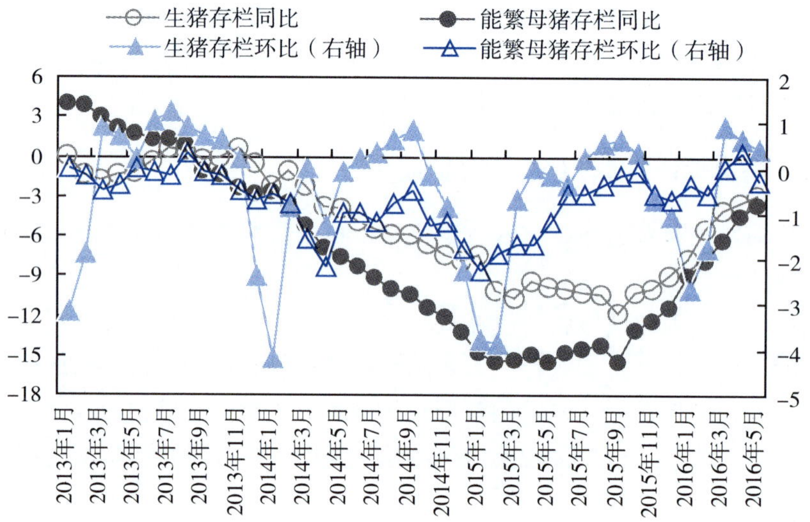

图 2 -31　我国生猪及能繁母猪存栏变化情况

资料来源：WIND。

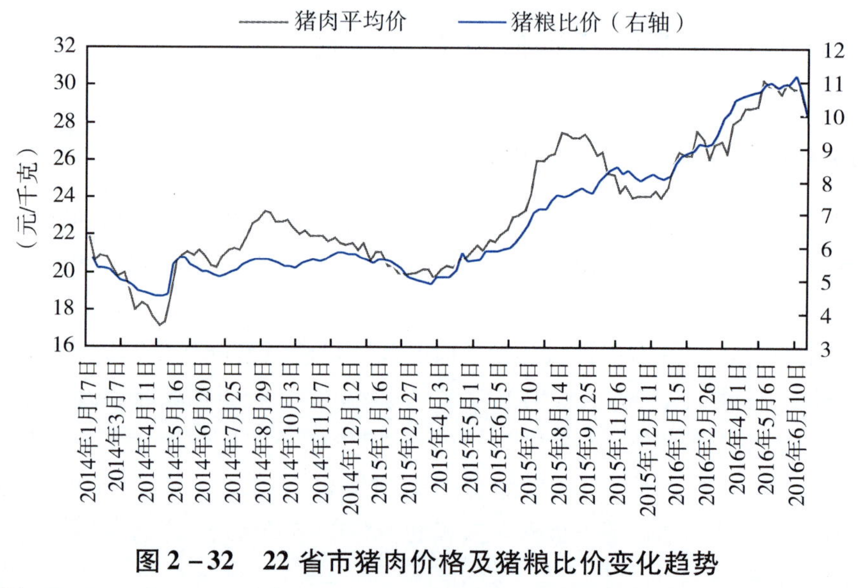

图 2 -32　22 省市猪肉价格及猪粮比价变化趋势

资料来源：WIND。

总地判断，生猪产能恢复仍需一段时间，短期内猪肉价格仍将维持相对较高水平，但继续上涨的空间有限，9月份或将迎来拐点；就价格同比涨幅而言，3季度将有所放缓，4季度存在再次回升的可能，下半年总体呈现波动放缓的态势。

2. 鲜菜价格仍可能波动，但推动CPI持续上行的可能性较小

根据鲜菜价格环比走势的历史规律，6月份鲜菜价格一般都会下跌。高频数据显示，6月份农业部菜篮子产品批发价格指数继续下滑，6月14日降至197.6，较月初下降5.3。但三季度后，特别是8月份，夏秋蔬菜换季可能将推动菜价小幅回升。现在看，即使菜价环比上涨，以5月份菜价为基础，按照历史平均环比涨幅折算，7、8、9三个月的鲜菜价格仍将同比下降，短期内不会给CPI带来上行压力（见图2－33）。

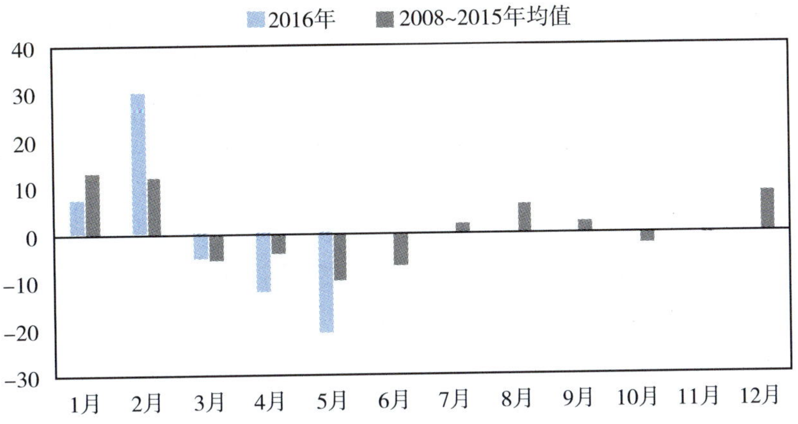

图2－33　鲜菜价格环比变化情况

资料来源：WIND。

但需要警惕的是，本轮“厄尔尼诺”现象强度超过1982年和1997年，极端天气对鲜菜的影响尤为明显，一旦出现超预期水患或其他自然灾害，不排除个别月份鲜菜价格非正常波动，影响CPI上涨。但如果猪肉价格相对平稳，鲜菜价格与猪肉价格不形成共振，对食品价格乃至CPI的影响也不会太大。

3. 预计粮食价格将基本稳定

一方面，2015年全国粮食总产量达12428.7亿斤，实现连续十二年增产，并连续三年保持在12000亿斤之上，粮食供给呈偏宽松格局。预计2016年粮食种植面积总体小幅下降，在天气条件正常情况下，全年产量仍将处于历史较高水平，加之现有库存的消化压力，决定了粮价将继续在下行通道运行。另一方面，2016年全球谷物产量仍将维持历史高位，全球谷物库存预期依然宽松。国际粮农组织在2016年6月份发布的最新报告中，预计全球谷物产量将呈增长趋势，并将2016年全球谷物产量的预测值上调至25.39亿吨，较2015年产量提高0.6%。预计在供应充裕、需求疲软的背景下，2016年国际粮价或将继续缓慢下行，国内外粮价倒挂继续对国内粮价形成压制。但近期在大宗商品价格总体上行的背景下，国际上主要农产品价格反转上行，有可能使国际粮价对国内粮价的下拉效应减小。近年来全国原粮收购价格指数变化情况如图2－34所示。

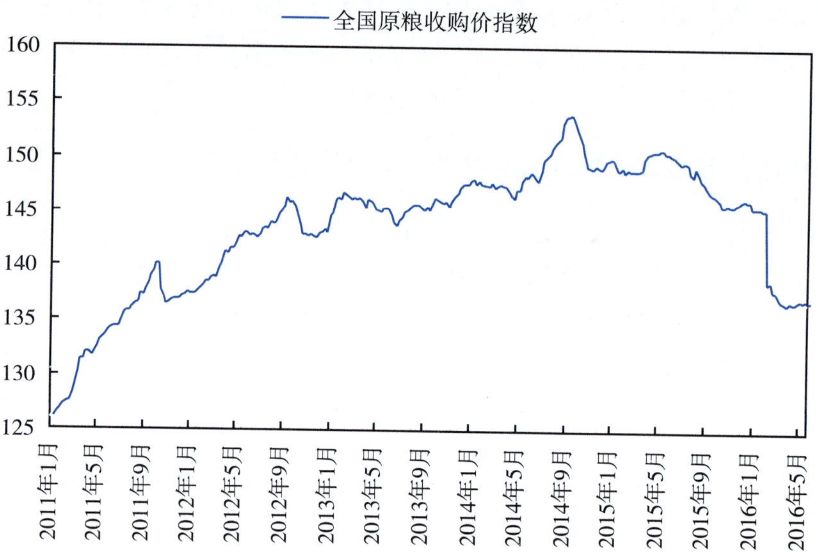

图2－34　全国原粮收购价格指数变化情况

资料来源：WIND。

总体来看，食品价格涨幅进一步提高的动能不足，下半年对CPI的拉动作用可能有所减弱，考虑到极端天气等外部冲击可能带来的影响，下半年CPI将呈总体低位波动态势，年内通胀压力不大。

（三）工业品价格降幅继续收窄

1. 国际大宗商品价格可能进入震荡格局

目前，国际大宗商品价格持续回升的势头有所减缓。从后期走势看，国际大宗商品价格缺乏进一步上涨的支撑，由于面临诸多不确定性，价格走势或呈震荡调整格局。一是需求持续疲弱。世界银行6月7日发布最新一期《全球经济展望》报告，将2016年全球经济增长预期下调至2.4%，较1月份预期值下调0.7个百分点；其中，将美国2016年经济增长预测从1月份的2.7%大幅下调至1.9%。同时指出，全球经济面临的下行风险明显上升，主要包括新兴经济体增长进一步放缓，发达经济体增长停滞不前，金融市场情绪大幅变化，地缘政治风险上升以及政策空间有限等。二是原油价格将持续震荡。一方面，随着北半球夏季石油需求高峰到来以及全球多地原油供应中断的影响仍未消除，原油价格面临一定支撑；另一方面，美国页岩油生产随着油价上涨有所恢复，将抑制石油价格上涨。更为重要的是，目前石油价格对主要国家的经济数据、原油库存变化以及货币政策等反应极为敏感。在多重因素作用下，预计下半年原油价格将宽幅震荡，中枢价格可能不会超过60美元/桶。三是美联储加息、地缘政治等不确定性因素将影响美元走势，加大大宗商品价格走势的不确定性。

尽管大宗商品价格回升动力不足，但考虑到多数大宗商品价格谷底都出现在2015年下半年，即便大宗商品价格只维持目前水平或者轻微下跌，其同比增速也将明显提升，进而带动国内工业价格同比降幅持续收窄。

2. 主要工业产品价格可能相对稳定

在经济“L”型走势和“去产能”进程缓慢的背景下，煤炭、钢材、水泥等主要投资型产品需求不足仍是常态。随着主要工业品产能恢复和供应增加，价格下行压力也将随之而来。数据显示，从 2 月底开始，随着钢材价格的上涨，高炉开工率逐步回升。截至 5 月底，高炉开工率上涨至 81.22%，上升 7.46 个百分点；粗钢日产量上升至 234.76 万吨，上升幅度达 15%。同时，据矿山年报估算，2016 年全球四大矿山产量增长大约 2000 万吨，9 月份新增产量将有效释放，而需求在 3～5 月份或触及年内高点，下半年铁矿石市场供大于求格局将更为明显。实际上，螺纹钢和铁矿石价格已经开始回落。Myspic 综合钢价指数和中国铁矿石价格指数（CIOPI）在 4 月下旬达到阶段性高点后持续回落，截至 6 月 20 日，分别降至 87.8 点和 188 点，较前期高点分别下降 25.7 点和 55.3 点（见图 2－35）。

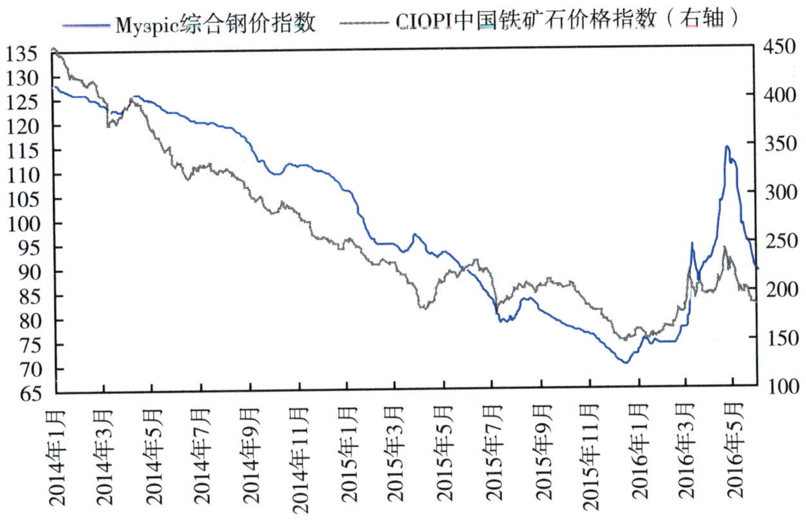

图 2－35　钢材及铁矿石价格指数变化情况

资料来源：WIND。

但工业品价格也面临一些支撑因素。下半年去产能将全面实施，供给减少将有助于影响市场预期，提振工业品价格。同时，财政资金加快预算执行进度，稳增长项目的落实也将提升对工业产品的需求。

总体来看，下半年 PPI 跌幅将继续收窄，但由于上年基数效应以及主要工业品价格仍存在一定下行压力，PPI 同比跌幅收窄的步伐可能相对有所放缓。

（四）价格变动趋势预测

1. 预计 2016 年全年 CPI 涨幅在 2%左右

根据前述对未来经济走势的分析判断及计量经济模型基于已有数据的模拟预测，在没有重大冲击的情形下，2016 年上半年 CPI 涨幅温和上升，下半年涨幅基本稳定，较上半年略有下降，全年 CPI 同比涨幅在 2% 左右（见图 2-36）。

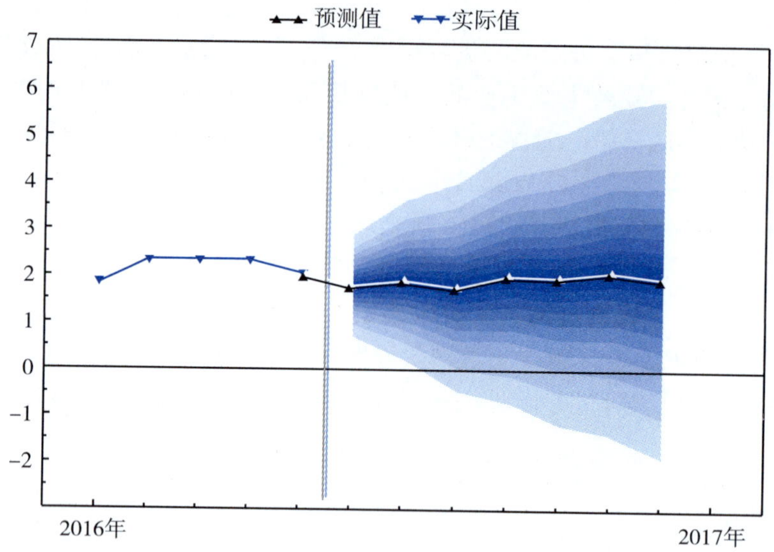

图 2-36　CPI 同比涨幅预测

资料来源：2016 年 5 月及之前数据来源于国家统计局，6 月及之后的数据为作者预测。

2. 预计 2016 年全年 PPI 跌幅在 2.1% 左右

根据前述对未来经济走势的分析判断及计量经济模型基于已有数据的模拟预测，在没有重大冲击的情形下，2016 年上半年 PPI 跌幅收窄速度较快，下半年收窄速度可能放缓，2016 年 PPI 同比降幅在 2.1% 左右（见图 2-37）。

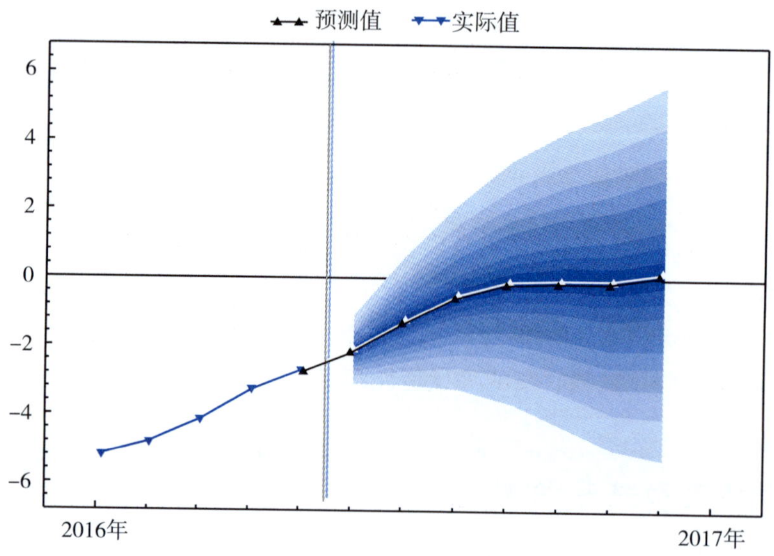

图 2-37　PPI 同比涨幅预测

资料来源：2016 年 5 月及之前数据来源于国家统计局，6 月及之后的数据为作者预测。

四、专题分析

当前“猪周期”的特征变化及走势分析

■ 猪肉价格是影响下半年通胀走势的关键变量。本文研究表明，从中长期趋势看，我国“猪周期”扁平化特征有所显现。在此格局下，短期内支撑猪肉价格持续上涨的基础和条件正在弱化，但一些季节性、不确定性以及基期因素将加大价格的波动幅度。总地判断，短期内猪肉价格仍将维持在一个相对较高的水平上，但继续上涨的空间有限，价格同比涨幅在年内总体上将呈现波动放缓的态势。

近一轮猪肉价格快速上涨影响到CPI回升，也引起国内外一些人对“猪周期”引发“滞胀”的担忧。但近年来，随着生猪养殖规模化的发展和居民消费结构的升级，猪周期“扁平化”的特征有所显现，而短期因素总体上也不支持猪肉价格持续上涨。因此，未来一段时期内，猪肉价格同比增速将高位震荡回落，对通胀的影响也将逐步减弱。

（一）我国“猪周期”与通胀走势

以价格和生产的周期运动模式显现出来的不稳定性是生猪业的主要特征，目前看，不管是生猪产业非常成熟的欧美国家还是不够成熟的发展中国家，猪周期都是客观存在的。猪周期主要源自生猪的养殖周期和生产者的决策周期。一般而言，猪周期的典型演化路径为：生猪收购价格回升→仔猪价格上涨→能繁母猪补栏增加→生猪供应增加，价格回落→仔猪价格下降→能繁母猪存栏减少→生猪供应下降，收购价格回升。鉴于从母猪补栏到成熟配种、妊娠哺乳直至育肥出栏的整个养殖过程大约需要1年时间，当期价格变动一般要在12个月之后才能影响到生猪供应，加之信息传递、生产决策存在时滞，因此，一个完整的猪周期大体上在 36 个月左右。

以猪肉价格同比变化为分析指标，2003 年以来我国经历了三个相对完整的猪周期。按照“底—底”的划分标准，2003. 06 ~2006. 06 为一个周期，时长 36 个月，2004 年 9 月达到峰值，上涨 16 个月，下降 20 个月；2006. 06 ~2009. 07 为一个周期，时长 37 个月，2007 年 8 月达到峰值，上涨 14 个月，下降 23 个月；2009. 07 ~2012. 05 为一个周期，时长 34 个月，2011 年 7 月达到峰值，上涨 24 个月，下降 10 个月。总体来看，三个周期都在 36 个月左右，首尾相接，反复出现，规律性非常明显（见图 2 –38）。

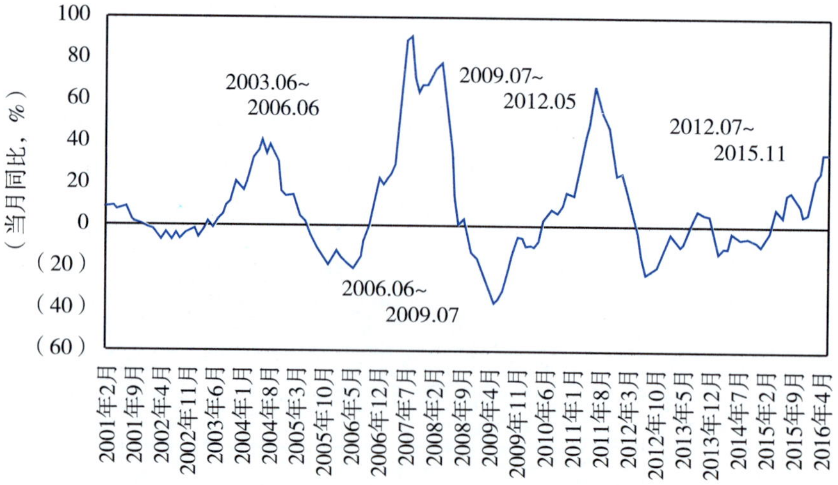

图 2 –38　2001 年以来我国三次“猪周期”情况

资料来源：中国畜牧业信息网，WIND。

过去十余年，猪肉价格一直是影响我国通货膨胀的关键变量，大体上以三年为一个周期的猪肉价格波动使我国通货膨胀呈现出明显的“猪周期”特征。如图 2 –39 所示，2005 年以来，CPI 与 CPI 猪肉分项的当月同比呈现高度一致性，两者的相关系数达到 0. 84。在历次 CPI 快速上涨或下降周期，猪肉价格分项的贡献度均超过 20%，多个月份的贡献度达到 60% 以上。猪肉在 CPI 的权重为 3% 左右，之所以对 CPI 运行产生如此大的影响，一方面是由于猪肉价格的波动幅度巨大；另一方面，作为生活基础必需品，猪肉价格直接影响居民通胀预期，对其他产品价格具有标示带动作用。

2015 年 3 月份，猪肉价格在经过长达 3 年的低位调整后进入上行通道，2015 年 11 月份开始加速上涨，截至 2016 年 5 月份，已经连续上涨 14 个月，对 CPI 的拉动力也显著增强。新一轮“猪周期”势头强劲，会延续多长时间，会涨至何等幅度，对通胀运行格局和货币政策取向势必产生重要影响。

（二）中长期趋势：猪周期“扁平化”特征显现

值得关注的是，与前三轮周期不同，本轮猪周期并未在上一轮结束后随即启动，而是经历了长达三年多的低位波动，直至 2015 年 11 月份才真正开始加速上涨，进入与前三

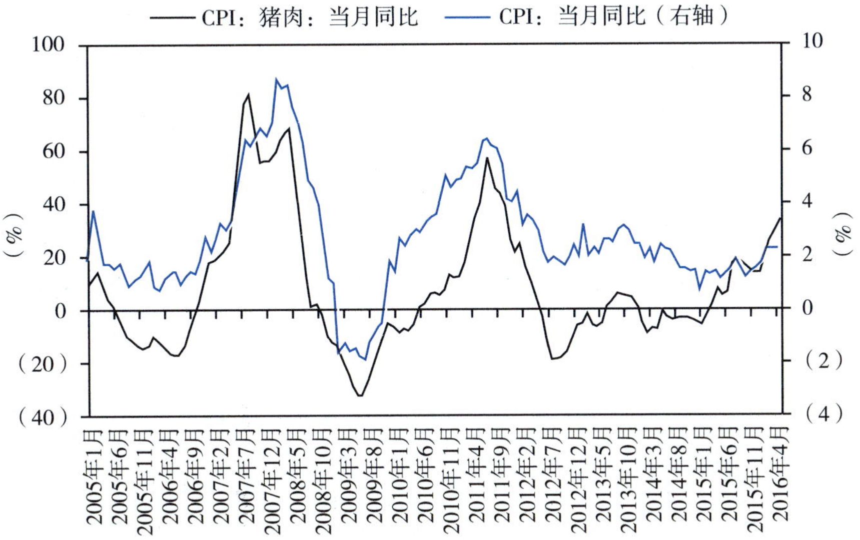

图2-39 CPI与猪肉价格变化情况

资料来源：WIND。

轮相类似的上行周期。如果2012~2015年的价格走势背后隐含了一些生猪养殖行业特征以及外部环境的趋势性变化，那么，猪肉价格走势或将具有“新特征”。对比分析发现，尽管没有摆脱历次周期的影子，但随着规模化养殖程度的提升和居民消费结构的升级，我国猪周期的一些新的特征变化却正在显现，中长期内逐步“扁平化”将是猪周期变化的大方向。

1. 规模化养殖带动周期扁平化

理论和实践均表明，规模化养殖会带动“猪周期”的扁平化。与散养模式下养殖户“大进大出”加剧价格波动幅度不同，规模养殖的信息获取更有效，决策行为更理性，稳定生产能力更强，且退出的成本更高，一定程度上有助于平抑价格波动。从美国情况看，20世纪八九十年代，生猪养殖逐步完成规模化。规模化之前，猪周期与我国当前情况非常相似，周期一般在3年左右，价格波动幅度非常大；但规模化之后，出现明显的扁平化趋势，周期2~4年不等，周期内波动频繁但波动幅度相对减缓，多数在-10%~20%之间（见图2-40）。

过去十多年，我国生猪养殖的规模化程度快速提升。2014年，我国年出栏生猪500头以上的规模养殖比重达到41.8%，而2002年这一数据仅为9.9%。显然，规模化养殖对猪周期的影响正在逐步加大。事实上，2012年上一轮“猪周期”结束后，生猪行业去产能和去库存过程之所以较以往周期明显拉长，除在此期间没有发生大的疫病之外，具有一定规模的养殖企业基于未来预期和退出成本的考量，利用资金、技术等优势尽力维持也是重要原因。数据显示，2012~2014年，退出市场的主要是散养户，数量约在400万，占全部散养户的比例在8%左右；而年产大于100头的小规模养殖场的数量仍在增加。直至2015年，在经历了三年的严重亏损后，很多规模养殖场也难以维持，加之国家实施了严格的养殖环保标准，地方政府的禁养、限养令造成大量散养户和小规模养殖场加速退出，最终造成猪供给

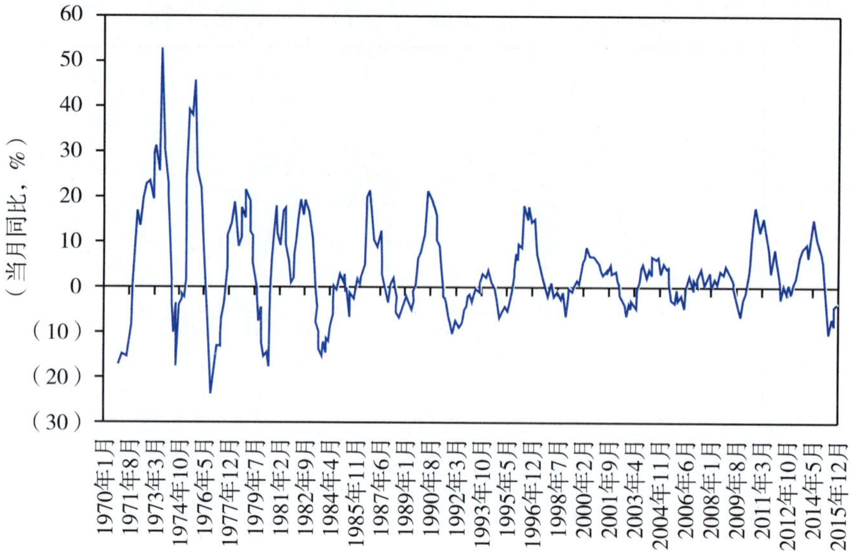

图 2－40　美国“猪周期”情况

资料来源：作者根据美国农业部（USDA）数据计算。

的“超调”，价格走势终于扭转。

总体来看，我国生猪养殖业正处于大规模现代化养殖场、中小规模传统养殖场和散养户并存的阶段，规模化程度仍然较低。根据《全国生猪生产发展规划（2016～2020）》，2020 年我国年出栏 500 头以上的生猪养殖规模比重将达到 52%，这一水平仍远低于 20 世纪 90 年代美、日等国家 80% 的水平。目前，美国生猪养殖企业仅有 7 万家左右，年出栏 5000 头以上的占到 60%；而我国养殖场（户）有 4000 多万家，年出栏 100 头以上的占比不到 10%。显然，我国生猪养殖规模化进程仍有很长的路要走，宽幅波动的猪周期仍将在一段时间内持续存在，但考虑到规模养殖已占相当比重且呈加速发展态势，在没有其他外部冲击的情况下，价格波动幅度将有所收窄，周期扁平化趋势将日益明显。

2. 需求弹性增大平抑猪肉价格波动幅度

在供给端弹性减小的同时，猪肉消费端的弹性却在明显增大。尽管猪肉在我国肉类消费中占有绝对主体地位，但随着消费结构的升级和居民营养均衡理念的提高，猪肉消费呈现出两个较为明显的趋势：一是猪肉消费增速明显放缓；二是猪肉在肉类消费中占比大幅下降，其他肉类对猪肉的替代效应逐步增强。这意味着猪肉的需求弹性在增大，并将在一定程度上平抑猪肉价格波动幅度。

首先，猪肉消费增速明显放缓。随着经济下行和收入增长持续放缓，肉类消费增速呈现整体下降的趋势。特别是，2012 年以来，随着“反腐”力度持续加大，餐饮消费增速出现“断崖式”下跌（见图 2－41），这使猪肉需求受到明显抑制。这进一步加剧了猪肉供需矛盾，致使猪肉价格持续陷入低迷。尽管随着基期效应的消退，餐饮以及猪肉消费增速有所回升，但考虑到当前经济“L”型增长的长期性，猪肉消费增长已经不可能回到 2012 年之前的水平。显然，与前三次“猪周期”不同，脱离了经济高增长的大背景，猪肉价格上涨缺乏足够的消费支撑。

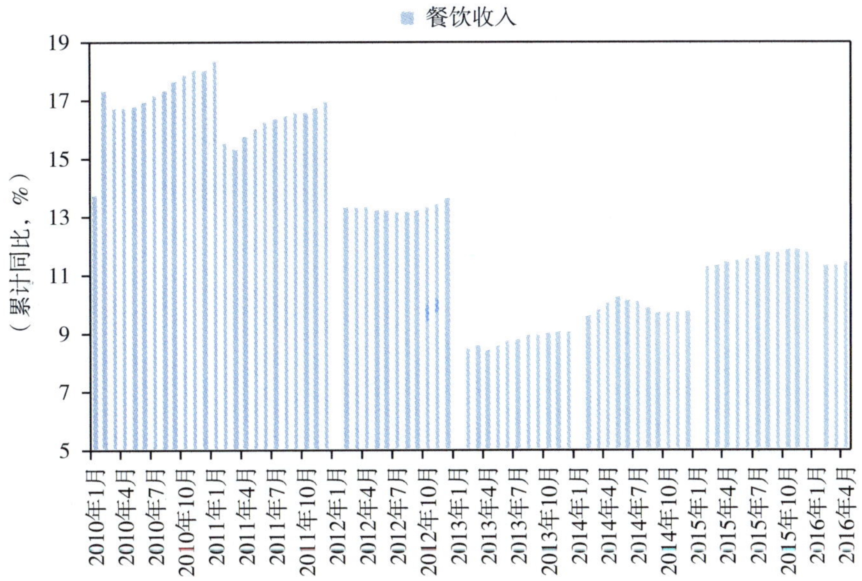

图 2－41　餐饮消费增速变化情况

资料来源：WIND。

其次，猪肉面临的替代效应明显增强。数据显示，2000～2015 年，我国肉类总消费量增长 43.42%，年均增长 2.43%。其中，猪肉消费量增长 38.12%，年均增长 2.18%，显著低于平均增速；而禽肉消费量增长 40.42%，年均增长 2.76%；牛肉消费量增长 36.45%，年均增长 2.09%；羊肉消费量增长 67.05%，年均增长 3.48%。随着猪肉消费增速的放缓，肉类消费结构发生了显著变化。2014 年，我国城镇猪肉消费占肉类消费的总比重在 56% 左右，牛肉占比 6%，禽肉占比 24%，羊肉占比 3%；农村猪肉消费占比则在 66% 左右，牛肉占比 3%，禽肉占比 23%，羊肉占比 2%。预计未来 3～5 年，城镇猪肉消费占比将进一步降至 50%，农村猪肉消费也将降至 60% 左右。因此，尽管猪肉消费仍占主体地位，但无论是从增速还是规模上看，牛羊肉特别是禽肉对猪肉的替代性都明显增强。2012～2014 年，禽肉价格处于低位，对猪肉的替代效应明显，一定程度上压制了猪肉价格。从中长期看，随着替代效应的不断增强，猪肉需求弹性的持续增大将有助于进一步减缓价格波动的幅度。

（三）短期走势：持续上涨的支撑不足

在猪周期总体上趋于扁平化的大格局下，短期内支持猪肉价格继续大幅上涨的基础和条件也在弱化。

1. 供给改善缓和价格上行压力

随着养殖盈利空间的持续扩大，养殖户补栏积极性显著提升，生猪产能逐步恢复。根据农业部的定点监测，5 月份全国生猪存栏环比增长 0.4%，连续 3 个月环比增长；尽管能繁母猪存栏环比下降 0.3%，但同比降幅持续快速收窄，表明生猪产能已经触底回升，进入逐步增长通道（见图 2－42）。值得关注的是，从仔猪和母猪价格的上涨程度来看，部分地区的补栏行为已出现过热迹象。这在加快改变生猪供应整体偏紧局面的同时，也埋下了风险隐患。考虑到出栏周期，补栏增长大约在 6 个月之后影响生猪供给。因此，到 2016 年 9 月份最迟至 2017 年初，生猪供给格局将发生扭转。

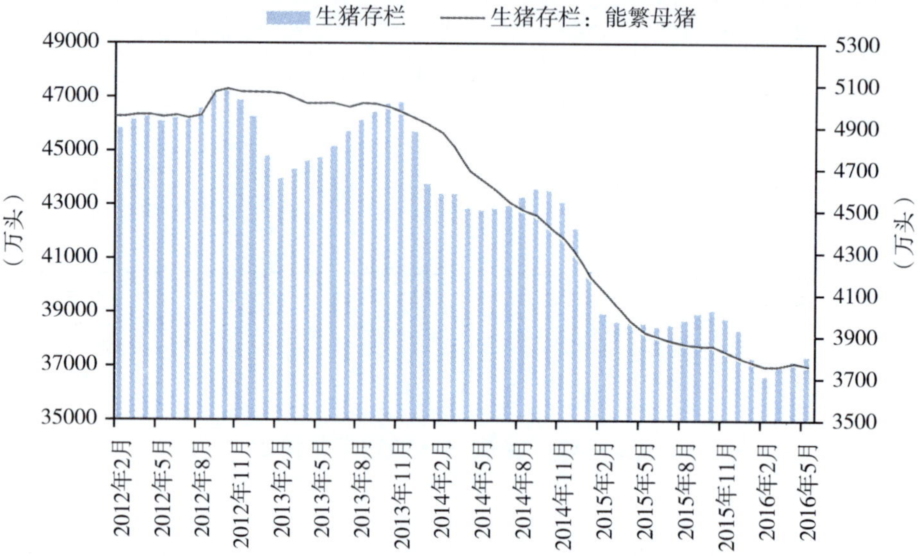

图 2－42　生猪及能繁母猪存栏量变化情况

资料来源：WIND。

与此同时，在国内外巨大的价差的刺激下，猪肉进口持续大幅增加。数据显示，目前国内猪价突破 21 元/千克，折算白条（含杂碎及猪头部分）成本达到 25.7～26 元/千克，而 4 月份猪肉进口 CNF 价格为 1805 美元/吨，折进口完税价格仅为 14.2～14.5 元/千克。2016 年 1～4 月，我国猪肉总进口量为 40.47 万吨，较 2015 年同期增长了近 100%。尽管进口数量不大，但短期内对国内猪肉供给的冲击也不容忽视。

2. 成本分化加大价格波动风险

饲料是生猪养殖成本的主要构成，而在外购仔猪的情况下，仔猪则成为另外一项重要的成本构成。目前，对外购仔猪养殖户而言，饲料和仔猪分别占到成本的 60% 和 30% 左右。目前，以玉米为代表的饲料成本和仔猪成本走势出现明显分化。一方面，玉米价格自 2015 年下半年以来持续降至历史低点。目前我国粮食库存达到新高，而国际粮食供应宽松，2016 年全球谷物产量仍将维持在历史高位水平，年内粮价或将继续缓慢下行。另一方面，仔猪价格再次大幅上涨。2015 年底至 2016 年初，仔猪价格曾一度明显回落，但随着猪肉价格持上涨，之前相对谨慎的养殖户也开始大量补栏，带动仔猪价格从 3 月份开始再次加速上涨，大幅抬高了育肥养殖成本（见图 2－43）。

总体来看，饲料成本持续低位将减弱养殖成本对价格的推涨作用，但仔猪价格高企则会在短期内对猪肉价格维持高位形成一定支撑。问题是，一旦猪肉供需矛盾缓和，自繁自育仔猪的养殖场将具有更大的价格调整弹性，购买仔猪育肥的养殖场必将面临较大的价格风险。因此，目前成本分化的局面将加大后期价格波动的风险。

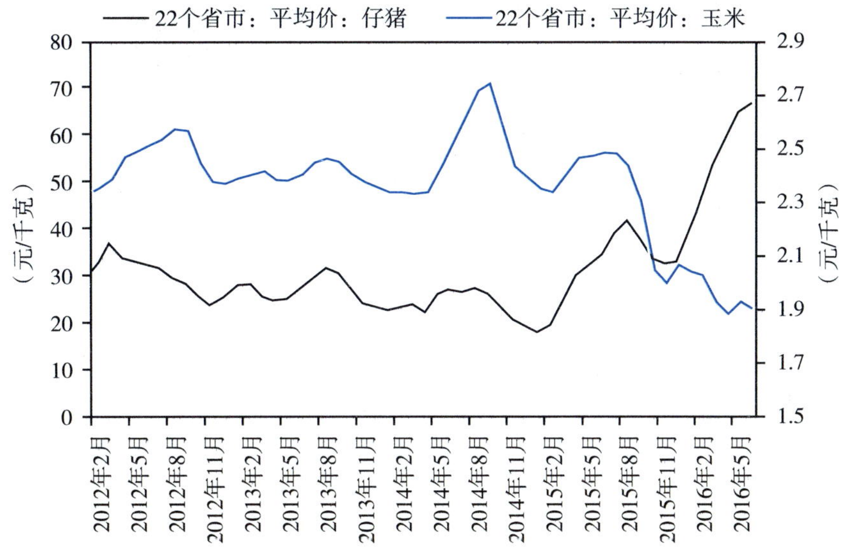

图 2－43　生猪养殖成本变化情况

资料来源：WIND。

此外，猪肉价格走势还面临一些季节性以及不确定因素的影响：一是每年 6 ~ 8 月进入猪肉消费淡季，加之牛羊肉等替代品价格持续走低，猪肉需求受到一定抑制；二是受“厄尔尼诺”现象影响，南方多雨而北方干旱，加大了生猪高温饲养及运输风险。三是 2015 年“淡季不淡，旺季不旺”，8 ~ 9 月份为年内高点，11 ~ 12 月份则相对低位，如果 2016 年价格走势回归常态，基期因素错位将给猪肉价格同比变化带来显著影响。

综上分析，在猪周期“扁平化”趋势有所显现的格局下，短期内支持猪肉价格持续上涨的基础和条件均在弱化，但一些季节性、不确定性以及基期因素将加大价格的波动幅度。总地判断，生猪产能恢复仍需一段时期，短期内猪肉价格仍将维持在一个相对较高的水平上，但继续上涨的空间有限，9 月份或将迎来拐点，且价格波动的风险加大；就价格同比涨幅而言，3 季度将有所放缓，4 季度存在再次回升的可能，下半年总体呈现波动放缓的态势。

第三部分
2016年第3季度价格监测分析

主要观点和结论

6月份以来，价格运行总体平稳。CPI同比涨幅从2.3%的年内高点持续回落，8月份降至1.3%，而环比涨幅由负转正；食品价格同比涨幅大幅回落，非食品价格涨幅稳中略升。PPI同比降幅持续收窄，已趋近于0，环比涨幅为正。原油价格区间震荡，国际大宗商品价格稳中略降。城市住宅销售价格继续上涨，股票价格小幅回升。

从宏观层面看，近期经济增长基本稳定，总需求相对平稳，为价格稳定奠定了基础。从微观层面看，基期因素和供给改善导致7月、8月份猪肉价格同比涨幅回落，有利的天气条件使得鲜菜价格同比下降，两者影响食品价格回落并带动CPI同比涨幅下行。国际大宗商品价格回升推动了国内部分工业品价格上涨，工业品供求关系调整进一步影响PPI同比降幅持续收窄。

预计年内经济增长将基本稳定，总需求推动价格上升的动能不足。未来几个月猪肉价格同比涨幅可能有所扩大，鲜菜价格也可能出现波动，两者将推动CPI同比涨幅小幅回升；非食品价格同比涨幅仍将保持相对稳定，对CPI变化的影响有限。国际大宗商品价格可能在一定区间内震荡，由于基期因素，同比涨幅仍可能扩大。国内工业品价格将持续改善，年内同比涨幅有望转正。预计全年CPI上涨2%左右，PPI下降2.1%左右。

（本部分完成于2016年9月24日）

一、价格形势

■ 6 月份以来价格运行总体平稳。CPI 同比涨幅从 2.3% 的年内高点持续回落，8 月份降至 1.3%，而环比涨幅由负转正；食品价格同比涨幅大幅回落，非食品价格涨幅稳中略升。PPI 同比降幅持续收窄，已趋近于 0，环比涨幅为正。原油价格区间震荡，国际大宗商品价格稳中略降。城市住宅销售价格继续上涨，股票价格小幅回升。

（一）一般商品价格运行总体平稳

1. 居民消费价格涨幅有所回落

CPI 同比涨幅连续走低。从 2016 年 2 月份开始，CPI 同比涨幅连续 3 个月维持在 2.3%。5 月份开始 CPI 同比涨幅持续走低，7 月、8 月份 CPI 同比涨幅分别为 1.8% 和 1.3%（见图 3－1）。

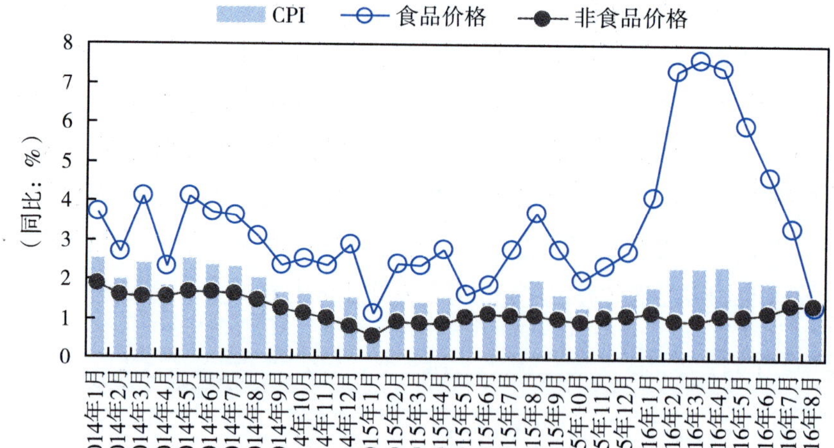

图 3－1　CPI 同比上涨情况

资料来源：国家统计局。

食品价格同比涨幅大幅回落。食品价格同比涨幅在3月份达到近期高点后，4～8月份持续下降。8月份食品价格同比涨幅为1.3%，较上月下滑2个百分点，其中，畜肉类价格同比上涨5%，涨幅继续收窄。8月份猪肉价格上涨约6.4%，较上月回落9.7个百分点，影响CPI上涨仅0.18个百分点。蛋类价格由6月份同比上涨0.29%转为8月份的同比下降7.4%，影响CPI下降约0.05个百分点。水产品价格同比上涨5.4%，涨幅与上月持平，影响CPI上涨0.1个百分点。鲜果价格降幅总体收窄，8月份同比下降0.6%，较上月回落1.06个百分点，影响CPI下降约0.01个百分点。鲜菜价格同比下降3.9%，降幅较上月收窄0.43个百分点，影响CPI下降约0.09个百分点（见图3－2）。

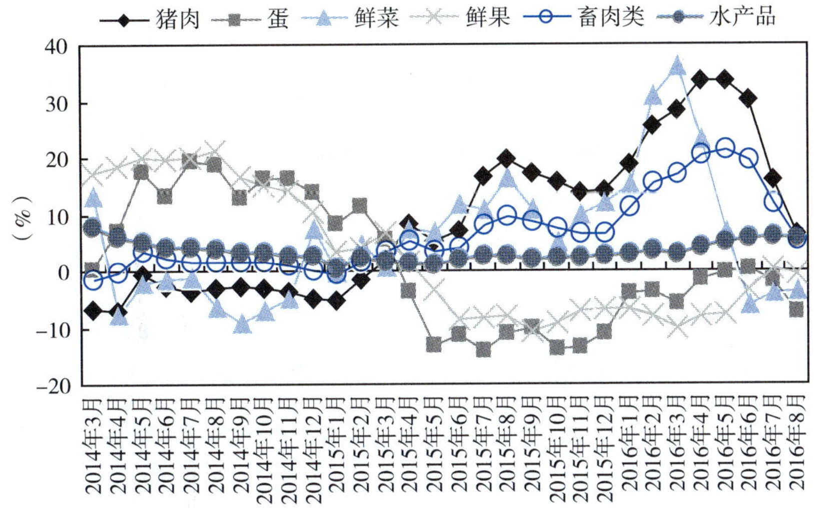

图3－2　部分食品价格上涨情况

资料来源：国家统计局。

非食品价格走势稳中略升。非食品价格同比涨幅在2016年2～8月份呈现缓慢上升趋势，7月、8月份非食品价格同比涨幅均为1.4%，较6月份上升0.2个百分点。其中，医疗保健价格同比涨幅持续攀升，8月份同比上涨4.3%；居住价格8月份同比上涨1.5%，较上月下降0.1个百分点；交通和通信费用价格自2016年5月份以来降幅持续收窄，8月份交通和通信费用同比下降1.2%，较上月收窄0.4个百分点；衣着、生活用品及服务、教育和文化娱乐价格涨幅基本保持稳定，8月份同比分别上涨1.3%、0.4%和1.3%。2月份以来，服务价格同比涨幅逐步提高，2～7月份同比涨幅由1.8%上升至2.3%，8月份同比涨幅略有回落，同比上涨2.1%（见图3－3）。

翘尾因素影响逐渐减弱，新涨价因素影响持续上升。2016年8月份，价格变动的翘尾因素约为0.3%，较上月下降0.5个百分点，对CPI同比涨幅的贡献度为23.1%，较上月下降21.3个百分点。价格变动的新涨价因素约为1.0%，与上月持平，对CPI同比涨幅的贡献度为76.9%，较上月上升21.3个百分点（见图3－4）。

CPI环比由负转正，食品价格环比降幅连续收窄，非食品价格环比基本稳定。CPI环比连续4个月下降后于7月份转正，8月份上涨0.1%。影响CPI环比的主要是食品价格变化，6月、7月份食品价格环比降幅迅速收窄，8月份环比为正，上涨0.4%。5至7月非食品价格环比逐月小幅上升，8月份非食品价格环比为0%（见图3－5）。

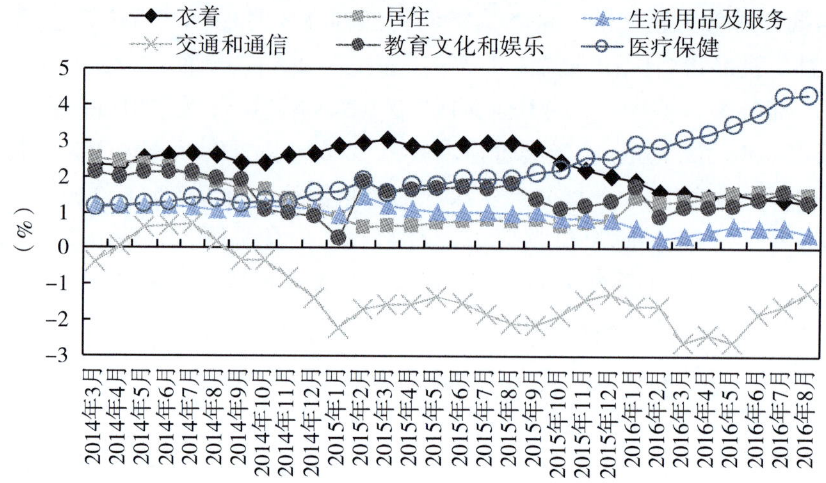

图3－3　非食品价格变化情况

资料来源：国家统计局。

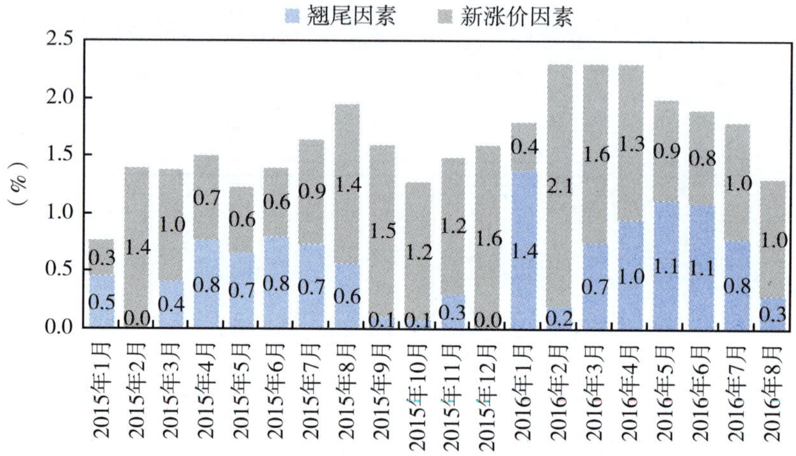

图3－4　翘尾因素和新涨价因素

资料来源：国家统计局。

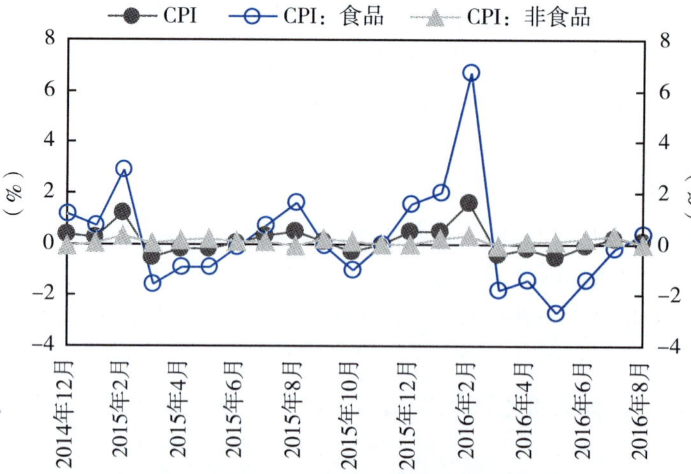

图3－5　CPI环比变化情况

资料来源：国家统计局。

2. 工业生产者价格同比降幅大幅收窄

2016年以来，PPI同比降幅快速收窄。8月份PPI同比下降0.8%，降幅较上月收窄0.9个百分点。其中，8月份生产资料价格同比下降1.0%，降幅比上月收窄1.3个百分点，影响PPI同比下降约0.8个百分点；生活资料价格比较稳定，连续两个月同比涨幅为0。

2016年以来，PPI环比涨幅提升较快。多数月份环比正增长，7月、8月份PPI环比涨幅皆为0.2%。PPI新涨价因素进一步扩大，翘尾因素降幅继续收窄，8月份新涨价因素影响PPI同比上涨1.1个百分点，翘尾因素影响PPI下降约1.9个百分点，比上月降幅进一步收窄0.8个百分点（见图3-6）。

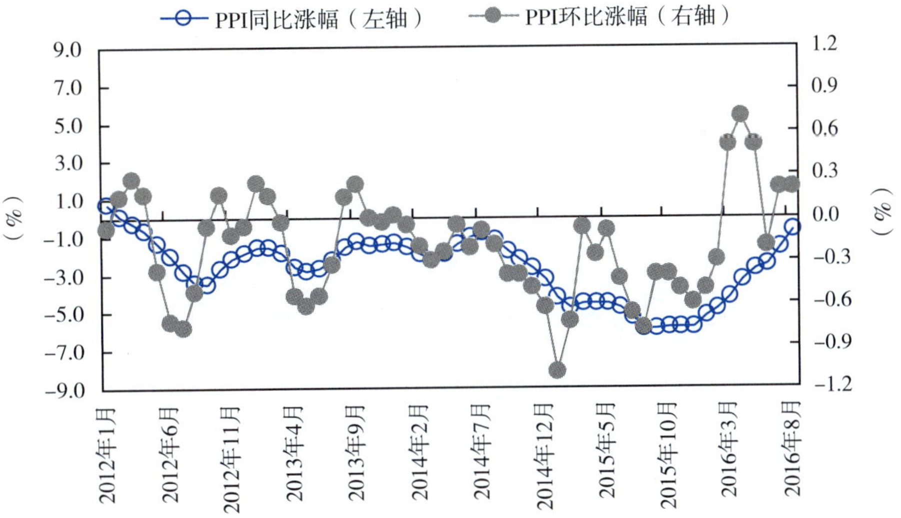

图3-6 工业生产者出厂价格走势

资料来源：国家统计局。

3. 企业商品价格降幅进一步缩小

中国人民银行监测的企业商品价格（CGPI）自2015年12月份以来降幅逐步收窄，2016年8月份CGPI同比下降1.31%，比上月缩小0.8个百分点。其中，农产品价格同比上涨0.05%，涨幅比上月缩小1.37个百分点；矿产品价格同比下降0.18%，降幅比上月缩小2.34个百分点；煤油电同比下降5.94%，降幅比上月缩小2.36个百分点（见图3-7）。

4. 进出口价格指数同比降幅继续收窄

2016年6月、7月份出口价格指数同比分别下降2.3%和1.9%，分别较5月份收窄1.0个百分点和1.4个百分点；进口价格指数同比分别下降3.4%和2.9%，分别较5月份收窄1.4个百分点和1.7个百分点（见图3-8）。

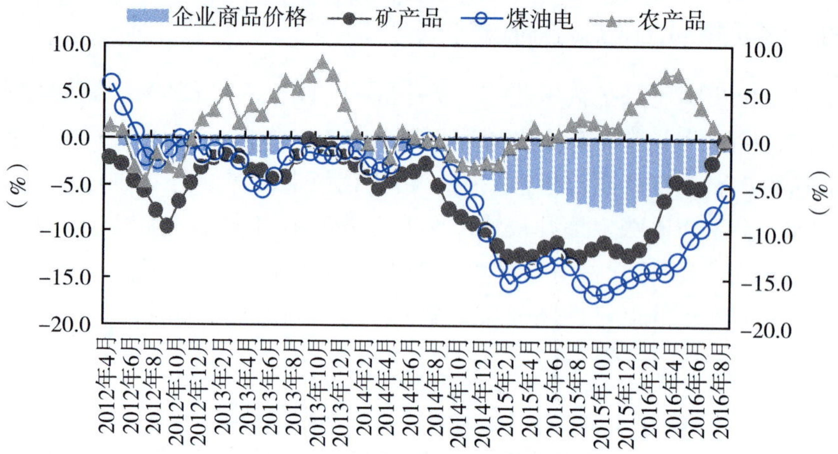

图3－7　企业商品价格走势

资料来源：中国人民银行。

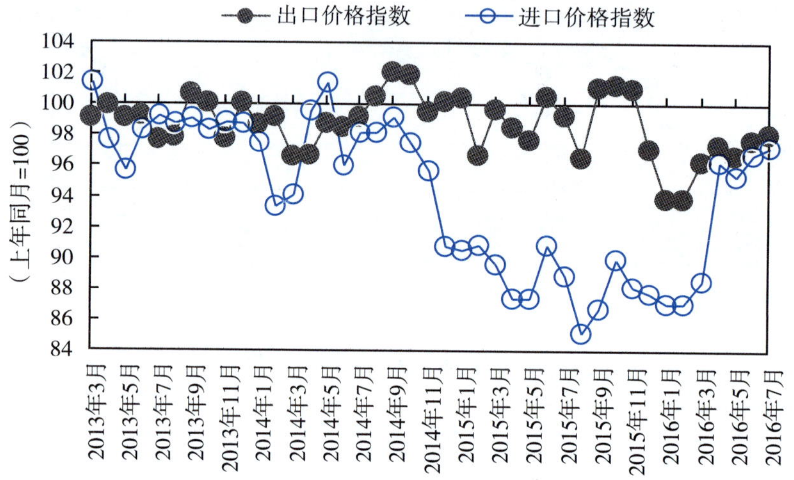

图3－8　进出口价格走势

资料来源：海关总署。

（二）国际大宗商品价格稳中略降

1. CRB商品价格指数小幅下降

2016年3月至6月初，大宗商品价格持续反弹，6月8日CRB商品价格指数达到195.82，为近期最高点。随后CRB商品价格指数小幅下调至8月2日的177.32，较6月8日下降18.5，降幅为9.4%。之后，CRB指数小幅波动，9月14日CRB商品价格指数为179.71，较6月8日下降16.11，降幅为8.23%（见图3－9）。

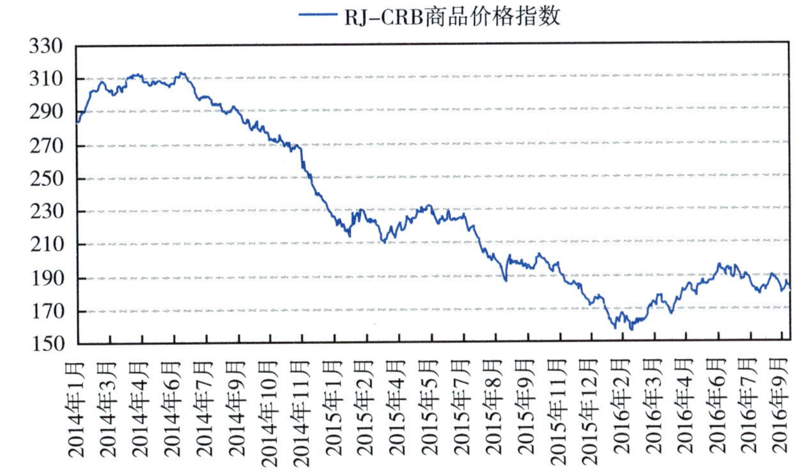

图3－9　RJ/CRB商品价格指数走势

资料来源：WIND。

2. 国际原油价格区间震荡

2016年6月8日国际原油价格达到阶段性高点，布伦特原油期货价格和WTI原油期货价格分别收于每桶52.51美元和51.23美元。8月2日国际原油价格达到近3个月的低点，布伦特原油期货价格和WTI原油期货价格分别收于每桶41.8美元和39.5美元，分别较6月8日价格下降10.71美元和11.73美元，9月份继续在一定区间震荡（见图3－10）。

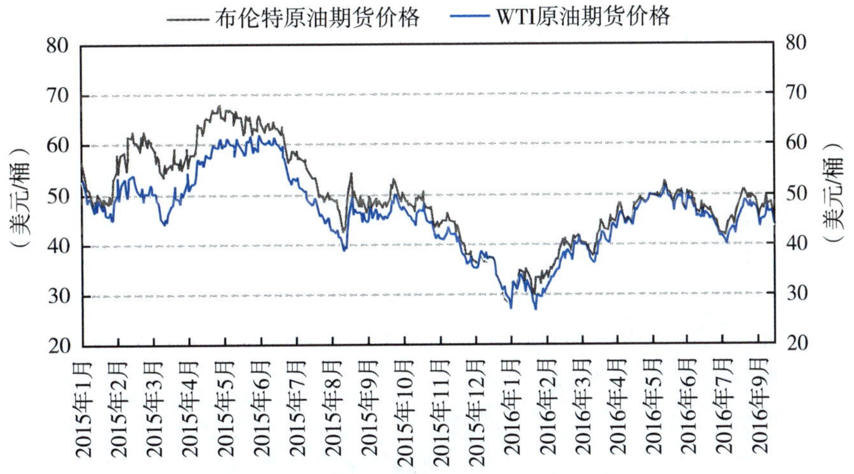

图3－10　国际原油期货价格走势

资料来源：WIND。

3. 铁矿石价格反弹后有所回调

普氏铁矿石价格指数（62% Fe：CFR中国北方）2016年6月20日收于51美元/干吨，

随后开始逐渐回升，8 月 8 日达到 62.5 美元/干吨。进入 9 月份后铁矿石价格有所回调，9 月 20 日铁矿石价格指数收于 55.1 美元/干吨（见图 3－11）。

图 3－11　铁矿石价格走势

资料来源：WIND。

4. 主要有色金属价格上升后反转下降

2016 年 6 月份后国际铜和铝的价格逐渐上升，国际铜价由 6 月 1 日的 4601 美元/吨上涨到 7 月 22 日的 4956 美元/吨，国际铝价由 6 月 1 日的 1544 美元/吨上涨至 8 月 18 日的 1690.5 美元/吨。随后，国际铜和铝的价格开始震荡下行。9 月 14 日国际铜价为 4694.5 美元/吨，较 7 月 22 日下降 261.5 美元/吨，降幅为 5.3%，国际铝价为 1552.5 美元/吨，较 8 月 18 日下降 138 美元/吨，降幅为 8.2%（见图 3－12）。

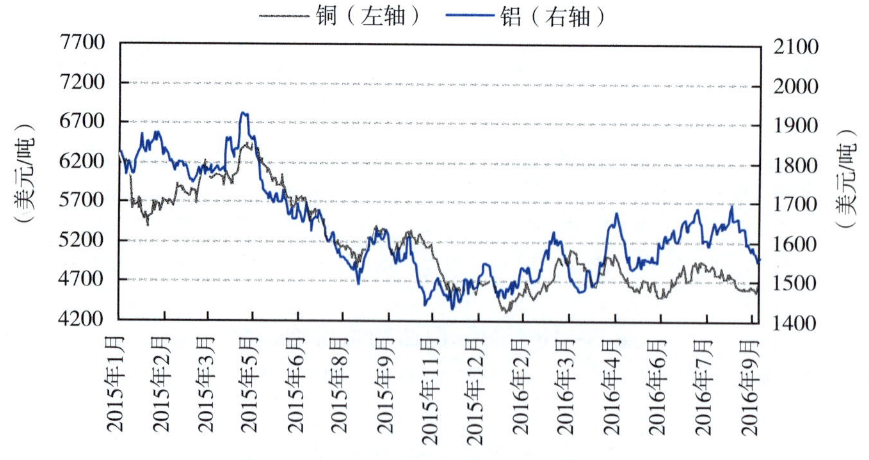

图 3－12　LME 铜和铝价格走势

资料来源：CEIC。

5. 主要农产品价格总体下行

2016年6月份之后，CBOT大豆、玉米、小麦和稻谷期货价格均出现较明显的下行趋势。9月14日，CBOT大豆、玉米、小麦和稻谷的期货结算价分别为9.43美元/蒲式耳、3.3美元/蒲式耳、4.03美元/蒲式耳和9.9美分/英担，较6月份高点分别下降2.2美元/蒲式耳、1.13美元/蒲式耳、1.17美元/蒲式耳和1.84美分/英担，降幅分别达18.9%、25.5%、22.5%和15.7%（见图3-13）。

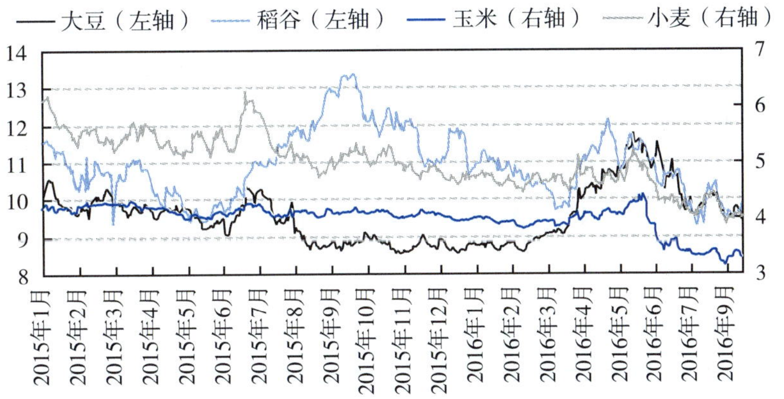

图3-13　CBOT粮食价格走势

注：图中大豆、玉米、小麦价格单位为美元/蒲式耳，稻谷价格单位为美分/英担。

资料来源：CEIC。

（三）资产价格总体上升

1. 城市住宅销售价格继续上涨

2016年8月份，70个大中城市新建商品住宅和二手住宅价格环比上涨的城市分别有64个和57个，分别比上月增加13个和6个。分城市看，一、二、三线城市新建商品住宅和二手住宅价格环比涨幅均比上月有所扩大。从新建住宅看，8月份一线城市北京、上海、广州、深圳价格分别环比上涨3.6%、4.4%、2.4%和2.1%，较7月份环比涨幅分别上升2.1、3.2、1.1和0.1个百分点（见图3-14）。二线城市中南京、合肥、杭州、武汉价格分别环比上涨4.0%、4.8%、3.3%和3.1%，较7月份环比涨幅分别上升0.6、0.6、1.0和1.0个百分点（见图3-15）。从二手住宅看，8月份一线城市北京、上海、广州和深圳价格环比分别上涨3.9%、3.7%、2.8%和2.0%，较上月分别上升2.3、1.7、1.4和0.2个百分点。二线城市中南京、合肥、杭州、武汉价格环比分别上涨3.6%、2.3%、2.8%和2.4%，南京、杭州、武汉环比涨幅较上月分别上升0.5、0.5和0.3个百分点，合肥环比涨幅下降0.9个百分点。

从同比看，8月份70个大中城市新建商品住宅和二手住宅价格同比上涨的城市分别有62个和53个，分别比上月增加4个和1个；下降的城市分别有6个和16个。分城市看，一

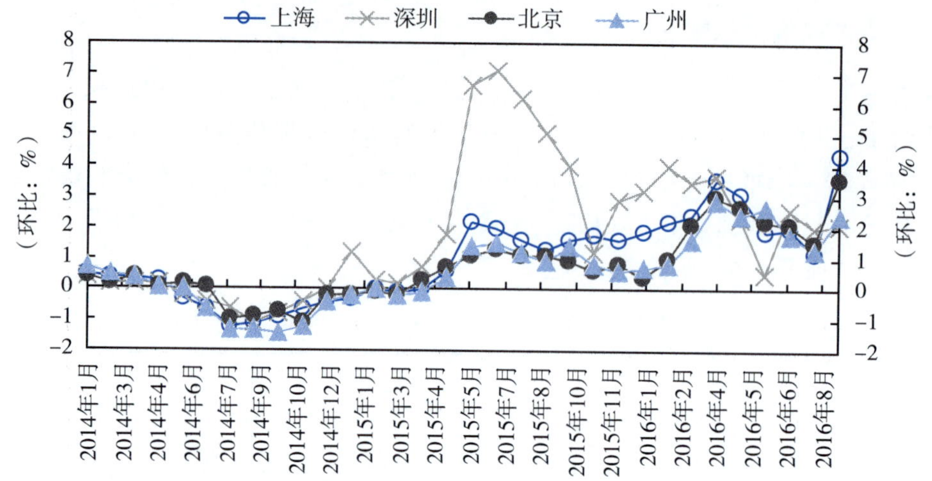

图 3 – 14　一线城市新建住宅价格环比变动情况

资料来源：国家统计局。

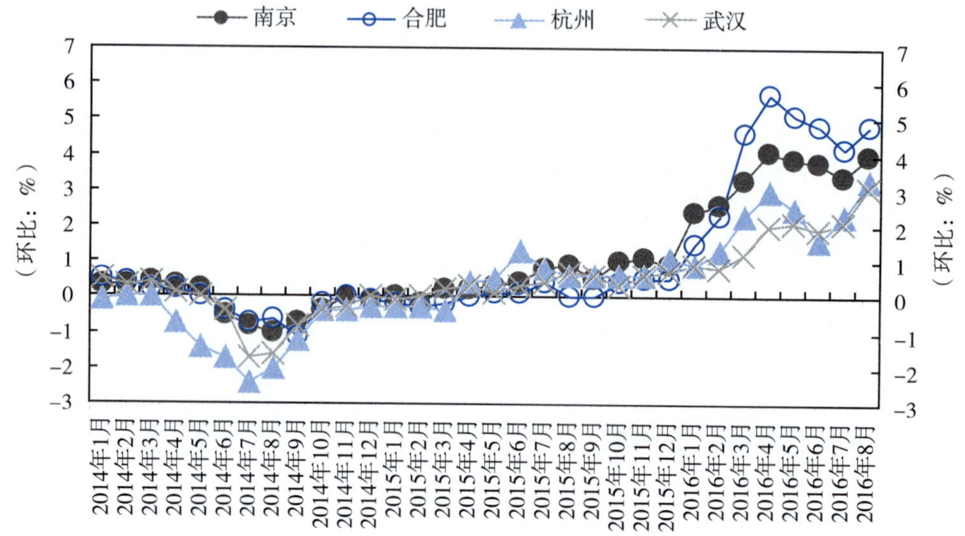

图 3 – 15　部分二线城市新建住宅价格环比变动情况

资料来源：国家统计局。

线城市新建商品住宅和二手住宅价格同比涨幅在连续三个月收窄后 8 月份有所扩大，二、三线城市 8 月份继续扩大。

2. 股票价格指数略有回升

6 月份以来，股票价格总体保持平稳，振幅有所收窄，上证综合指数在 2833 点至 3126 点之间震荡。9 月 14 日上证综合指数收于 3002. 85 点，较 6 月 1 日上涨 89. 34 点，涨幅为 3. 1%，上交所平均市盈率为 15. 09 倍，较 6 月 1 日上升 5. 3%（见图 3 – 16）。

图3-16 上证指数和上交所平均市盈率走势

资料来源：WIND。

3. 中债价格指数略有上升，债券收益率普遍下行

中债总净价指数和中债国债总净价指数6月初降至上半年内低点，随后开始逐渐上升，8月上旬达到高点后缓步下降。9月14日，中债总净价指数和中债国债总净价指数分别为120.02和121.29，分别较近期高点8月15日下跌0.6%和0.7%。7月末，不考虑隔夜收益率，国债、政策性银行债、企业债（AAA）和中短期票据（AAA）各关键期限点较上月末平均下行11.08BP、20.08BP、21.92BP和21.84BP（见图3-17）。

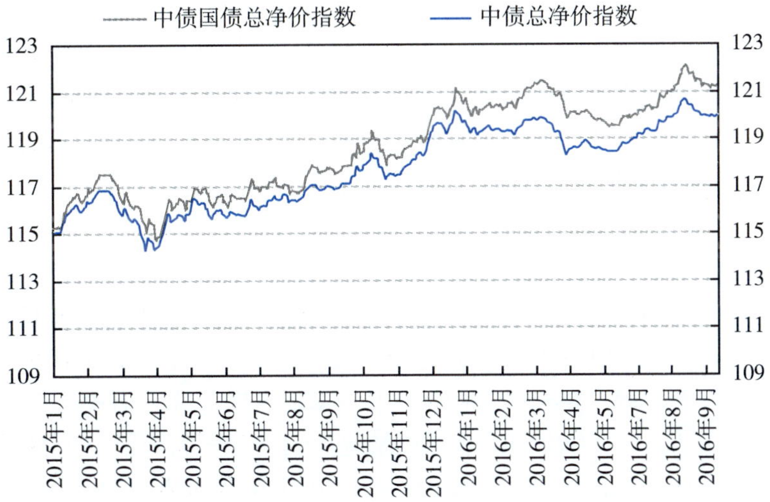

图3-17 中债指数走势

资料来源：WIND。

二、成因分析

■ 从宏观层面看，近期经济增长基本稳定，总需求相对平稳，为价格稳定奠定了基础。从微观层面看，基期因素和供给改善导致 7 月、8 月份猪肉价格同比涨幅回落，有利的天气条件使得鲜菜价格同比下降，两者影响食品价格回落并带动 CPI 同比涨幅下行。国际大宗商品价格回升推动了国内部分工业品价格上涨，工业品供求关系调整进一步影响 PPI 同比降幅持续收窄。

（一）总需求相对平稳为价格基本稳定奠定了基础

2016 年 7 月、8 月份，受部分地区遭遇较重洪涝灾害以及国外市场需求疲弱等因素的影响，总需求扩张受到抑制。与此同时，宏观经济政策的作用进一步发挥，经济增长新动能继续累积，总需求总体呈现“形缓势稳”的状况，价格总体运行相对平稳。

1. 投资增速缓中趋稳

2016 年 1 ~8 月份，全国固定资产投资累计同比增长 8.1%，增速比 1 ~6 月份下滑 0.9 个百分点，比上年同期下滑 2.8 个百分点。但 8 月份当月全国固定资产投资同比增长 8.2%，比 7 月份加快 4.3 个百分点，也高于 5 月、6 月份的当月同比增速。其中，民间固定资产投资同比名义增长 2.1%，增速与 1 ~7 月份持平，占全国固定资产投资（不含农户）的比重为 61.4%，与 1 ~7 月份持平，比上年同期降低 3.6 个百分点（见图 3 – 18）。因此，无论从全国固定资产投资看，还是民间投资看，投资近期都出现缓中趋稳态势。

分地区看，2016 年 1 ~8 月份，东、西部地区固定资产投资累计同比分别增长 10.2% 和 12.5%，比上年同期加快 0.7 和 3.2 个百分点；中部地区增长 12.6%，比上年同期下滑 1.8 个百分点；东北地区同比下降

29.0%，其中民间固定资产投资下降 30.3%，对全国固定资产投资增长的拖累较大。

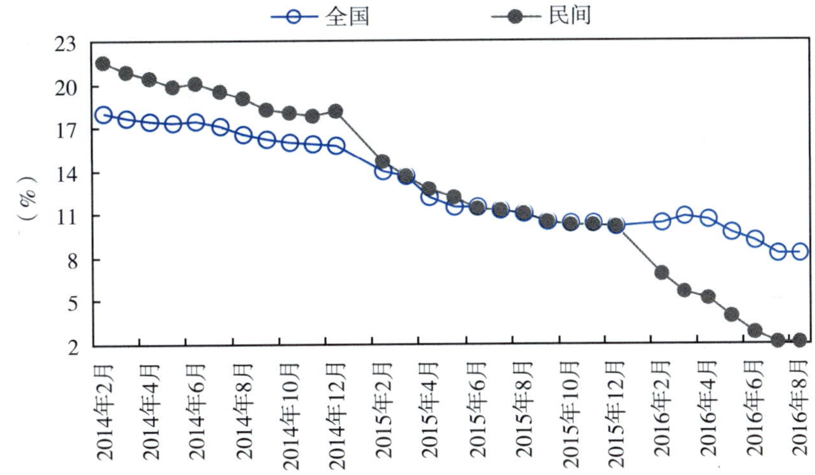

图 3－18　全国及民间固定资产投资累计同比增速变化情况

资料来源：WIND。

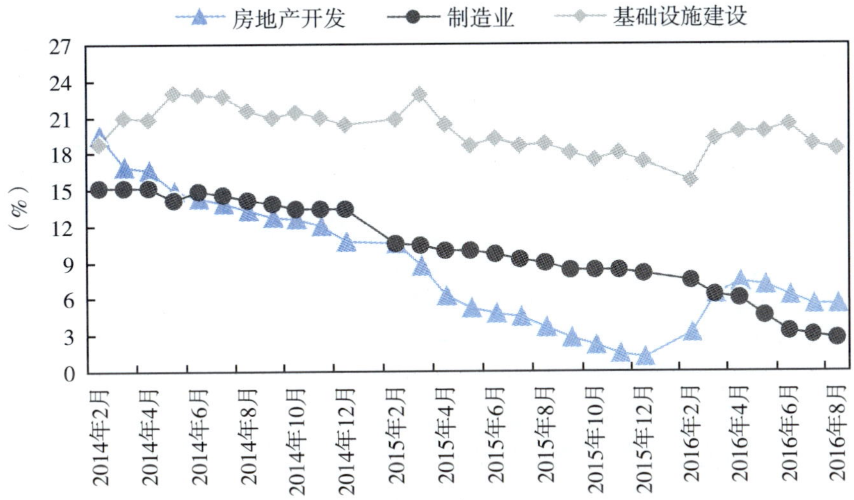

图 3－19　三大固定资产投资累计同比增速变化情况

资料来源：WIND。

房地产开发投资增速趋稳。在商品房销售火爆和价格高速增长的带动下，房屋新开工面积和房地产开发投资大幅回升，2016 年 1～4 月份累计同比分别为 21.4% 和 7.2%，然后增速回升势头有所减缓。7 月、8 月份房屋新开工面积增速放缓，1～8 月份，房屋新开工面积累计同比增长 12.2%，比 1～6 月份下降 2.7 个百分点。但房地产开发投资增速基本保持稳定，1～8 月份累计同比增长 5.4%，增速比 1～6 月份下降 0.7 个百分点，比上年同期上升 1.9 个百分点。从当月同比看，7 月份房地产开发投资仅增长 1.4%，低于上半年各月水平，但 8 月份增长 6.2%，增速企稳回升（见图 3－20、图 3－21）。

基建投资增速维持相对高位。随着积极财政政策发力、PPP 项目加速落地、重大项目开工建设加快，基建投资增速继续维持在 20% 左右的高位。1～8 月份，基础设施建设投资

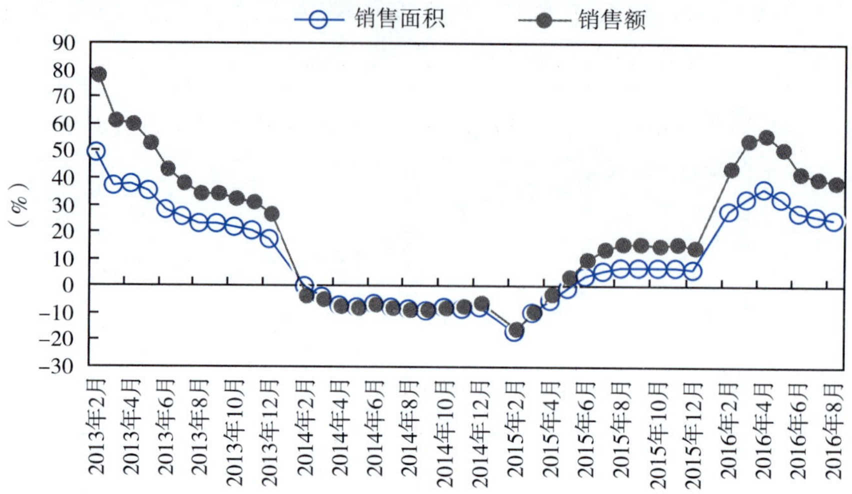

图 3－20　商品房销售面积和销售额累计同比变化情况

资料来源：WIND。

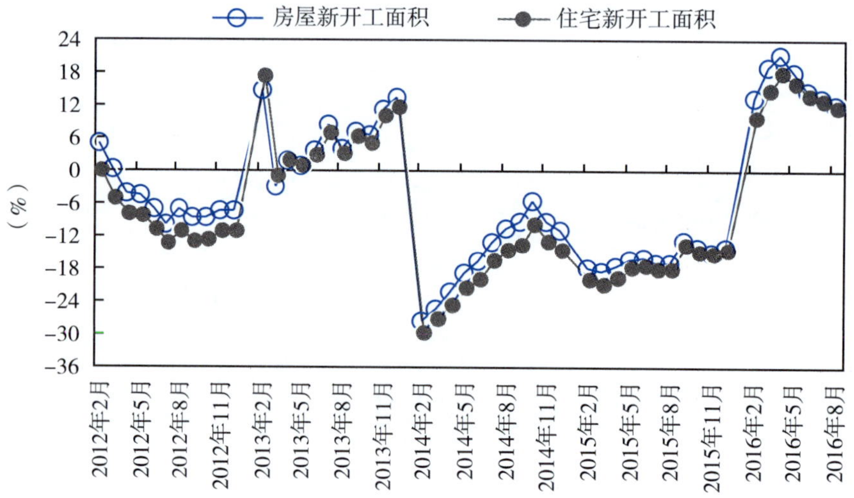

图 3－21　房屋新开工面积累计同比变化情况

资料来源：WIND。

（不含电力）累计同比增长 19.7%，增速比 1～6 月份下降 1.2 个百分点，但比上年同期提高 1.3 个百分点。其中，公共设施管理业投资增长 24.3%，增速比上年同期提高 4.5 个百分点；教育行业投资增长 22.8%，增速比上年同期提高 6.2 个百分点。

制造业投资增速仍处于低位。受市场需求不足、传统行业产能过剩矛盾依然突出、企业降成本难度较大等因素的影响，制造业投资增速仍处于低位。1～8 月份，制造业投资累计同比增长 2.8%，增速比 1～6 月份下降 0.5 个百分点，比上年同期下降 6.1 个百分点。但从当月同比看，7 月、8 月份制造业投资分别增长 1.6% 和 2.1%，高于 5 月、6 月份 1.3% 和 －0.4% 的增速，下滑趋势有所缓解。分行业看，化学原料及化学制品制造业、运输设备制造业、非金属矿物制品业等行业投资持续负增长，有色金属冶炼及压延加工业、通用设备制造业、专用设备制造业投资增速由正转负，橡胶和塑料制品业、金属制品业、电子设备制造业等行业投资增速比上年同期也有较大幅度下滑（见表3－1）。

表3－1　2016年1～8月固定资产投资累计同比增速低于10%的行业　单位:%

	2013年	2014年	2015年	2016年1～8月
采矿业	10.9	0.7	-8.8	-23.5
煤炭开采和洗选业	-2.0	-9.5	-14.4	-33.0
石油和天然气开采业	23.7	6.1	-5.7	-30.2
黑色金属矿采选业	10.4	2.6	-17.8	-30.1
有色金属矿采选业	19.7	2.9	-2.3	-3.7
非金属矿采选业	14.4	13.9	2.1	-5.9
制造业	18.5	13.5	8.1	2.8
纺织业	18.3	12.4	12.8	9.5
化学原料及化学制品制造业	17.1	10.5	3.3	-5.3
医药制造业	26.5	15.1	11.9	9.0
非金属矿物制品业	14.8	15.6	6.1	-1.7
黑色金属冶炼及压延加工业	-2.1	-5.9	-11.0	0.7
有色金属冶炼及压延加工业	20.6	4.1	-4.0	-7.0
金属制品业	20.9	21.4	10.0	5.3
通用设备制造业	23.5	16.4	10.1	-1.7
专用设备制造业	18.5	14.1	8.5	-3.5
汽车制造业	15.0	8.3	14.2	7.8
铁路、船舶、航空航天和其他运输设备制造业	16.4	16.1	2.2	-13.2
建筑业	1.4	27.2	10.2	-1.4

资料来源：WIND。

2. 消费需求相对稳定

在经济增长放缓、城乡居民收入增幅回落和就业压力有所显现的背景下，消费需求增速总体放缓。2016年1～8月份，社会消费品零售总额累计同比增长10.3%，与1～6月份累计增速持平，但比上年同期下降0.2个百分点。从当月同比增速看，社会消费品零售总额增速继续呈现年内“前低后高”的规律，6～8月份当月实际同比分别增长10.3%、9.8%和10.2%，均高于2～5月份各月增速（见图3－22）。

在2015年出现明显回升后，餐饮收入的增速在2016年总体上呈下滑趋势。1～8月份累计同比增长11.1%，比1～6月份下降0.1个百分点，比上年同期下降0.6个百分点。

8 月份餐饮收入的增速为 10.3%，比上年同期下降 2.1 个百分点，创下 2015 年以来的新低（见图 3 - 23）。

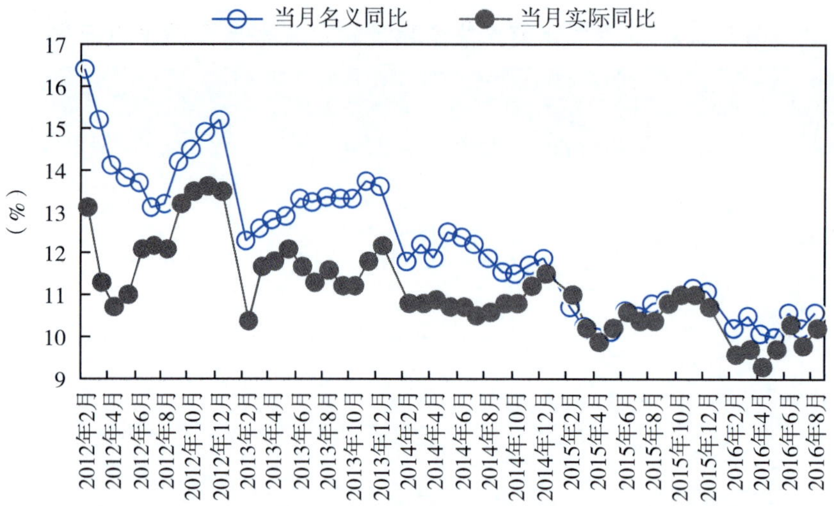

图 3 - 22　社会消费品零售总额名义及实际当月同比增速变化情况

资料来源：WIND。

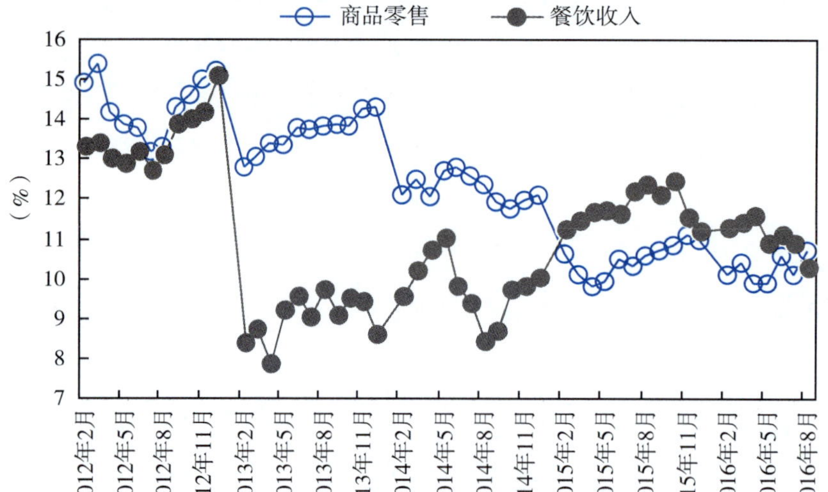

图 3 - 23　商品零售和餐饮收入当月同比增速变化情况

资料来源：WIND。

从分项情况看，受上年基数较低，以及小排量购置税减半政策等因素影响，汽车类商品零售额增速继续回升，1 ~ 8 月份限额以上单位汽车类商品零售累计同比增长 8.6%，增速比 1 ~ 6 月份提高 0.9 个百分点，比上年同期提高 4.2 个百分点。同时，随着大众对新能源汽车认可度的逐步提高，以及部分城市加大对新能源汽车购置的补贴力度，新能源汽车销量快速增长。1 ~ 8 月份新能源汽车累计销售 24.5 万辆，比上年同期增长 125.5%。受成品油价格回升等因素影响，石油及制品类零售增速降幅继续收窄，1 ~ 8 月份限额以上单位石油及制品类商品零售累计同比下降0.9%，降幅比1~6月份收窄0.4个百分点，比上年同期收窄6.0个百分点。与此同时，受近期商品房需求旺盛的影响，家具类、建筑及装潢材料类等部分居住类商品增速仍保持高位，1~8月份，限额以上单位家具类、建筑及装潢材料类商品零售同比分别增长14.7%和15.6%。但通信器材等商品零售额增速继续回落，1~8月份限额以上单位通信器材类商品零售同比增长13.9%，增速比1~6月份回落1.0个百分点，比上年同期回落21.1个百分点（见图3-24）。

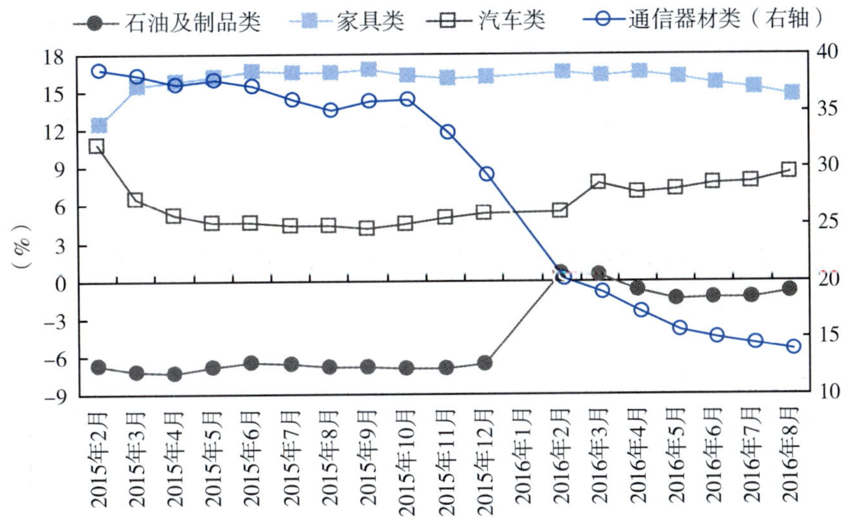

图3-24 限额以上单位商品零售累计同比增速变化情况

资料来源：WIND。

3. 出口需求有所改善

2016年8月份，出口形势好于市场预期，出口同比下降2.8%，较上月收窄2.6个百分点。1~8月份，我国出口金额累计同比下降7.1%，降幅比上半年收窄0.9个百分点。从出口地区来看，我国对主要贸易伙伴累计出口金额虽然保持负增长，但除对中国香港地区外，降幅均比上半年有所收窄。1~8月份，对美国出口金额累计同比下降7.8%，降幅比上半年减少1.8个百分点；对日本出口金额累计同比下降5.2%，降幅比上半年减少1.4个百分点；对欧盟和东盟出口金额累计同比分别下降3.6%和7.4%，降幅比上半年减少0.4和0.1个百分点。对中国香港地区出口金额累计同比下降7.3%，降幅比上半年扩大2.6个百分点。从贸易方式来看，一般贸易表现好于加工贸易，1~8月份，一般贸易累计出口7521.1亿美元，下降5.0%；加工贸易累计出口4416.4亿美元，下降12.6%。一般贸易占出口总值的55.6%，比上年同期上升1个百分点（见图3-25）。

出口需求有所企稳主要受外部环境改善的影响。7月、8月份以来，美国经济的复苏好于上半年，就业和消费增速均好于预期。欧洲和日本纷纷加码宽松政策，在一定程度上抵消英国脱欧对全球经济的负面冲击。受此影响，国际贸易形势也有所好转。2016年3季度以来波罗的海干散货指数（BDI）保持升势，9月12日刷新年内高位至804点，比6月30日上涨21.8%，比上年末上涨66.5%（见图3-26）。

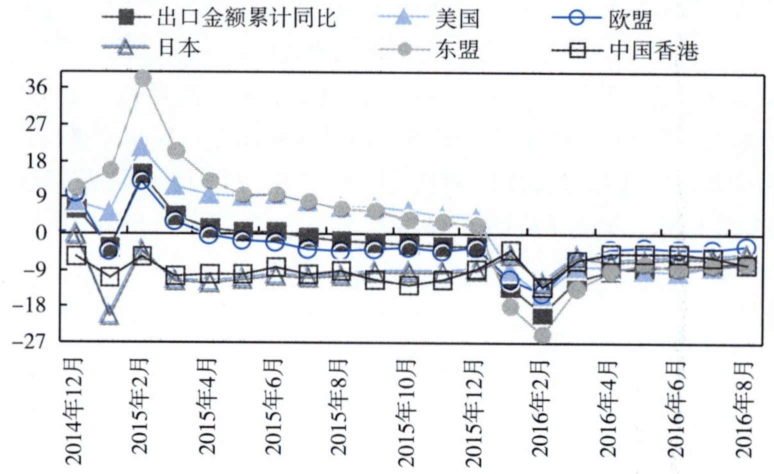

图 3－25　我国出口总额及对主要贸易伙伴出口累计同比增速变化情况

资料来源：海关总署。

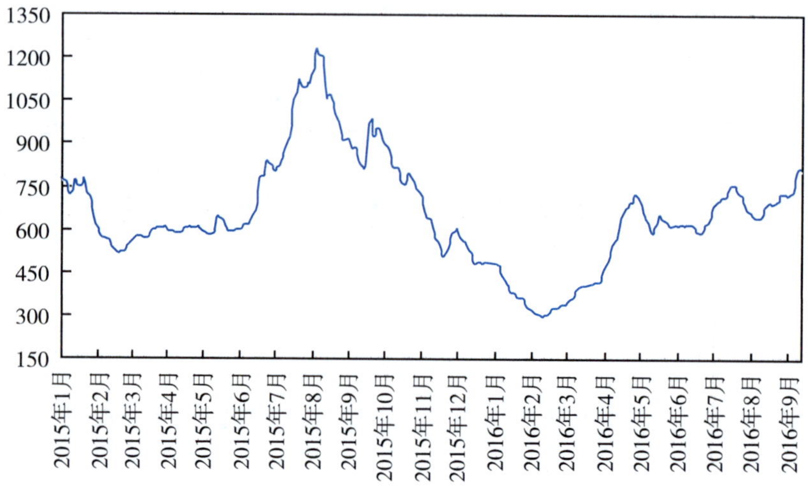

图 3－26　波罗的海干散货指数（BDI）变化情况

资料来源：WIND。

（二）食品价格回落是 CPI 同比涨幅下降的主因

食品价格同比涨幅回落较多是 7 月、8 月份 CPI 同比下降的主要原因。食品价格同比涨幅在 2016 年 3 月份创下 2012 年 4 月份以来的新高，此后持续回落，8 月份同比上涨 1.3%，为 2015 年 2 月份以来的新低。

1. 基期因素和供给改善导致猪肉价格同比涨幅回落

2016 年 7 月、8 月份，猪肉价格同比涨幅从高位大幅回落，分别上涨 16.1% 和 6.4%，影响CPI同比上涨约0.42和0.18个百分点；环比分别下降2.1%和1.2%，影响CPI环比下降约0.06和0.04个百分点。导致猪肉价格同比涨幅回落的原因，一是2015年基数较高。2015年7月份，猪肉价格同比上涨16.7%，自2012年4月以来首次达到两位数增长，环比上涨9.9%，为2011年7月以来的最高涨幅；8月份猪肉价格同比和环比分别上涨19.6%和7.7%，继续保持高位。二是猪肉供给偏紧的局面有所改善。2016年年初饲养的仔猪陆续上市，一定程度上缓解了生猪市场供不应求的局面。同时，自6月末后，长江中下游沿江地区及江淮等地出现入汛以来最强降雨，给部分地区造成严重洪涝灾害。洪灾期间，由于养殖户担心损失，导致肥猪提前出栏、母猪提前淘汰，短期生猪抛售量增加。此外，猪肉进口增加、出口减少也在一定程度上增加了国内猪肉供给。2016年1~7月份，我国累计进口猪肉94.57万吨，同比增长149.4%，累计出口猪肉2.70万吨，同比下降43.6%，这在一定程度上改善了猪肉的供给，抑制了猪肉价格的上涨（见图3-27）。

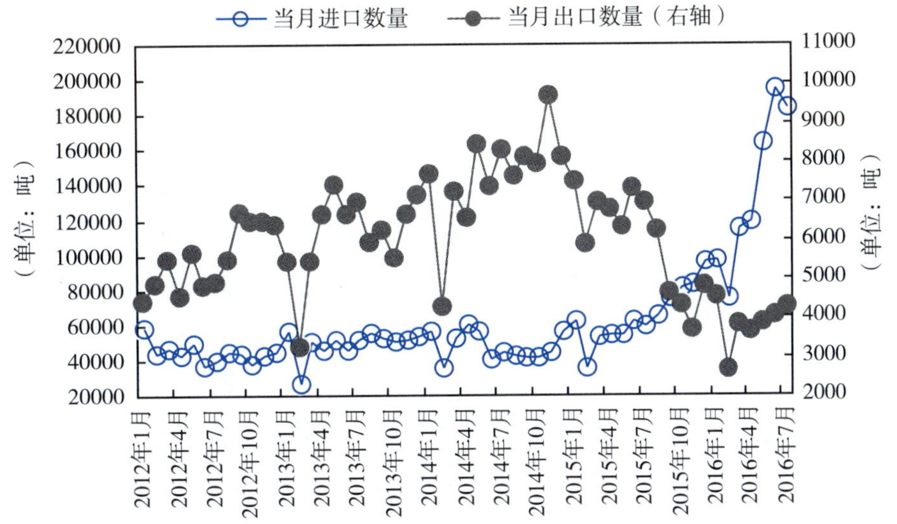

图3-27 猪肉当月进出口数量变化情况

资料来源：WIND。

2. 天气因素导致鲜菜价格同比涨幅由正转负

2016年6~8月份，鲜菜价格同比由前期上升转为下降，分别下降6.5%、4.3%和3.9%，影响CPI下降约0.15、0.10和0.09个百分点。鲜菜价格涨幅变动主要受天气因素的影响。一方面，上年同期受天气因素影响，菜价没有出现季节性下降，推高了对比基数，而2016年气温较高，蔬菜供给充足。另一方面，2016年4月份以来，我国大部分地区气温明显高于往年同期，有利于夏季蔬菜提前上市，与春季蔬菜在供给上出现重叠，造成在春夏之交以后，菜价快速回落、同比由升转降。但是，夏季蔬菜提前上市，也会提前退市，如果秋季蔬菜不能提前上市，那么，在夏秋之交时，蔬菜的供给就会出现缺口。8月下旬，我国内地自东向西、自北向南出现了强降温的气象，促使夏菜提前退市、秋菜推迟上市，加剧了蔬菜短期供给的缺口，影响菜价环比由降转升。从价格指数走势看，主要蔬菜批发价格指数自3月份以来高位回落后，在7月份以来有所回升（见图3-28）。

图 3－28　蔬菜批发价格指数变动情况

资料来源：WIND。

（三）大宗商品价格回升及国内工业品供求关系调整导致 PPI 跌幅持续收窄

2016 年年初以来大宗商品价格低位回升，6 月份以来尽管有所波动，但仍维持相对较高的水平，导致上游工业品价格上涨。国内工业品供求关系调整，进一步推动了工业品价格的回升。此外，7 月、8 月份 PPI 收窄幅度较大也受 2015 年基数较低的影响。

1. 大宗商品价格回升推动 PPI 降幅收窄

受美联储加息预期偏低、英国脱欧公投后主要经济体维持宽松货币政策等因素的影响，大宗商品价格自 6 月份以来尽管有所波动，但仍维持相对较高水平。受科威特石油工人罢工、加拿大山林大火、墨西哥湾飓风等短期因素影响，全球原油产量下降，对油价形成支撑。在原油价格带动下，能源、化工等行业价格也有所上涨。近期全球钢铁产量回升，铁矿石等黑色金属需求增加，通过贸易等多渠道影响国内相关商品价格走势，推动部分工业品价格同比上涨。6～8 月份，石油和天然气开采业价格同比降幅比上年同期分别收窄 12.5、18.7 和 22.3 个百分点，黑色金属矿采选业价格同比降幅比上年同期分别收窄 14.3、16.4 和 19.9 个百分点，煤炭开采和洗选业、有色金属矿采选业和非金属矿采选业价格同比降幅也大幅收窄。

2. 国内工业品供求关系调整推动价格回升

从供给角度看，国内去产能积极推进。截至 7 月末，钢铁行业累计退出产能 2126 万吨，完成全年去产能任务的 47%；截至 8 月末，煤炭行业累计退出产能 1.5 亿吨，完成全年去产能任务的60%。此外，随着环保督查执行力度不断加码以及唐山、浙江周边采取钢铁限产措施，钢材、煤炭等行业供给收缩。1～8月份，全国原煤、焦炭、生铁、粗钢产量分别比上年同期下降10.2%、2.7%、0.8%和0.1%。同时国内煤炭、钢材库存也持续下降（见图3－29）。

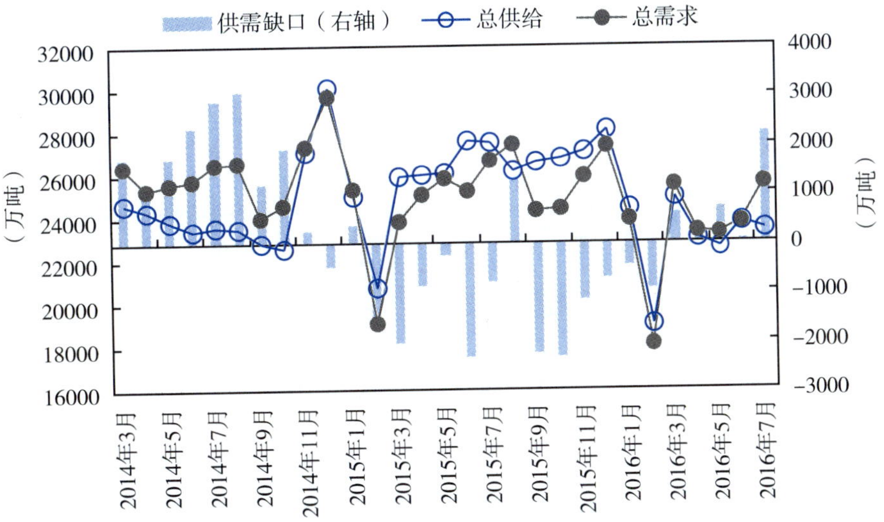

图3－29　动力煤供求及供需缺口变动情况

资料来源：WIND。

在供给收缩的同时，需求也有所改善。在商品房销售旺盛的带动下，房地产开发投资增速比上年大幅反弹。随着积极财政政策发力，基建投资增速继续维持相对高位。此外，2016年6月、7月份洪涝灾害过后，多地受损的地下管网、水利工程、公路、桥梁等基础设施重建工作逐步启动。房地产、基建等投资增加改善了钢铁、水泥、玻璃等相关工业品需求，对相关工业品的价格产生了直接和间接的影响（见图3－30～图3－32）。

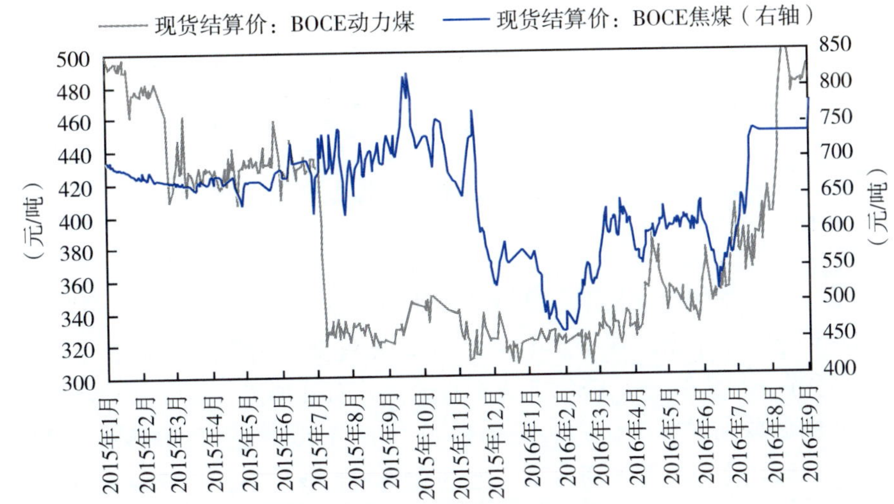

图3－30　煤炭价格变动情况

资料来源：WIND。

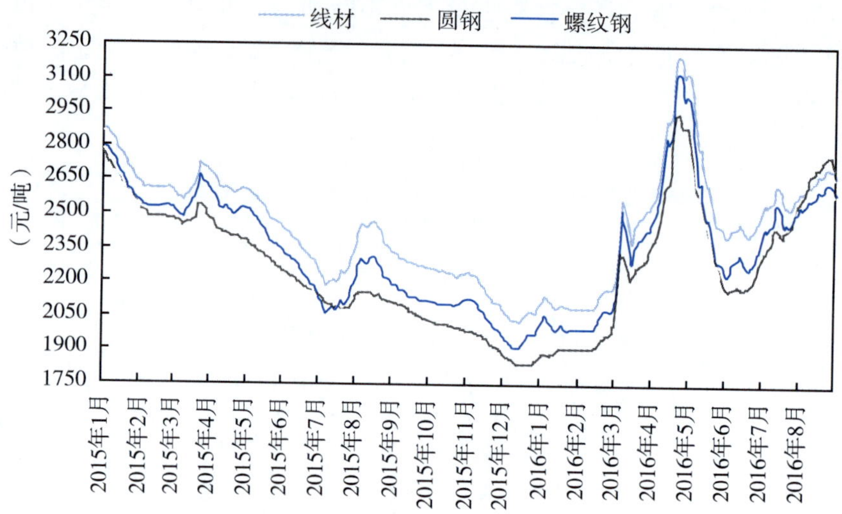

图3-31 钢铁价格变动情况

资料来源：WIND。

图3-32 水泥和玻璃价格指数变动情况

资料来源：WIND。

在供给收缩、需求增加的背景下，部分产品供过于求的状况得以缓解，甚至改变，相关工业品价格出现调整。中下游产业中，6~8月份，黑色金属冶炼及压延加工业价格同比降幅比上年同期分别收窄15.4、20.3和25.3个百分点，石油加工、炼焦及核燃料加工业价格同比降幅比上年同期分别收窄7.0、11.8和19.0个百分点，化学原料及化学制品制造业、化学纤维制造业、有色金属冶炼及压延加工业和金属制品业价格同比降幅也有所收窄。

三、趋势展望

■ 预计年内经济增长将基本稳定，总需求推动价格上升的动能不足。未来几个月猪肉价格同比涨幅可能有所扩大，鲜菜价格也可能出现波动，两者将推动CPI同比涨幅小幅回升；非食品价格同比涨幅仍将保持相对稳定，对CPI变化的影响有限。国际大宗商品价格可能在一定区间内震荡，由于基期因素，同比涨幅仍可能扩大。国内工业品价格将持续改善，年内同比涨幅有望转正。预计全年CPI上涨2%左右，PPI下降2.1%左右。

（一）预计总需求将保持基本平稳态势

1. 先行指标显示经济下滑态势有所改善

2016年8月份，中采PMI为50.4%，较上月回升0.5个百分点，再次回到荣枯线之上，且为近22个月以来的最高值。财新PMI为50.0%，较上月下降0.6个百分点，出现较大幅度回落。中采PMI与财新PMI出现显著分化，主要受两指标统计口径中大中小企业样本不同影响，表明大型企业回暖迹象明显，中小企业未来前景并不明朗。

从中采PMI各分项指标看，经济在供需两端均有所改善。在供给端，生产指数为52.6%，较上月回升0.5个百分点，主要受7月份工业企业利润上升影响，企业经营预期改善，生产性投入加大。在需求端，新订单指数为51.3%，较上月回升0.9个百分点，结束了连续4个月的回落态势，表明市场需求出现回升；新出口订单49.7%，回升0.7个百分点，尽管仍处于收缩区间，但已有回暖迹象（见图3-33）。

分企业规模看，大型企业PMI为51.2%，较上月回升0.2个百分点，中型企业PMI为48.9%，与上月持平，小型企业PMI为47.4%，较上月

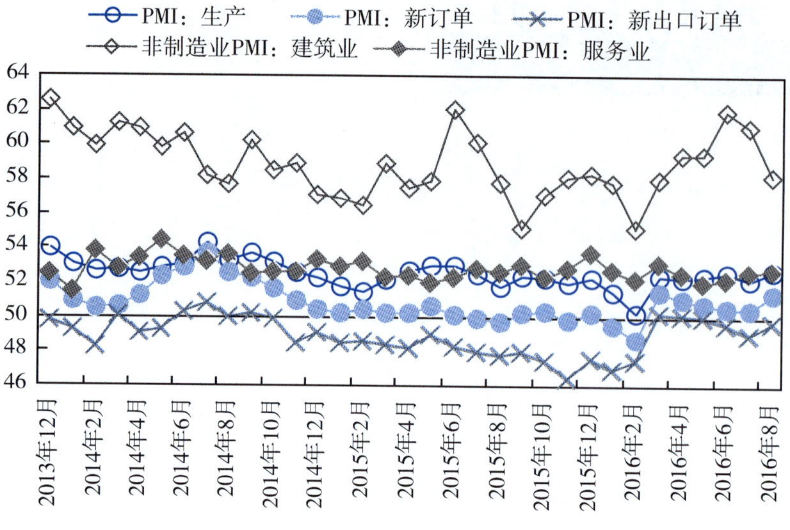

图3－33　中采PMI主要分项指标变动情况

资料来源：WIND。

回升0.5个百分点。随着财政政策持续发力，国有企业投资力度进一步加大，有利于其经营状况的改善。中小企业均持续处于荣枯线下，虽然小型企业出现一定复苏迹象，但总体情况仍旧低迷。

此外，非制造业商务活动指数为53.5%，较上月回落0.4个百分点，高出上年同期0.1个百分点，延续了自2015年初以来的波动态势，表明非制造业发展势头相对良好。其中，8月份建筑业指数为58.2%，较上月回落1.9个百分点；服务业指数为52.7%，较上月回升0.1个百分点，已连续3个月小幅回升，显示结构调整仍在继续。

2. 总需求有望保持基本稳定

短期内，房地产投资可能仍将保持目前增速，一定程度上减缓其他投资下降的影响，并带动建筑及装潢材料类、家具类等商品消费增长；基建投资仍是未来稳增长政策的着力点，将进一步发挥托底作用。受国内外因素的影响，出口将呈现弱企稳态势。消费需求仍维持相对稳定的态势。

（1）固定资产投资增速或将回稳。

稳增长、调结构的政策效果将逐步显现。2016年8月，发展改革委共审批核准固定资产投资项目25个，总投资1966亿元。针对2016年以来民间投资增长过快下滑的状况，国务院连续多次召开会议，发布了《国务院办公厅关于进一步做好民间投资有关工作的通知》等多份文件，部署扩大民间投资工作，也派出督查组对促进民间投资政策落实情况开展专项督查，相关政策对民间投资的影响未来可能逐步显现。同时，为深入贯彻落实《中共中央 国务院关于全面振兴东北地区等老工业基地的若干意见》，2016年8月，发展改革委印发了《推动东北地区等老工业基地振兴三年滚动实施方案（2016～2018年）》，分年度明确了137项重点工作和127项重大项目，预计总投资规模1.6万亿元。其中，重大项目2016年62项、2017年33项、2018年32项。目前全面振兴东北地区的政策措施正在逐步落实，有利于东北地区投资的社会经济环境正在逐步改善，东北地区固定资产投资高速下滑的态势可能改变。

从近期指标看，8月份固定资产投资增长当月同比增长8.2%，比7月份加快4.3个百分点；民间固定资产投资在6月、7月份当月同比负增长后，8月份同比增长2.3%。这些指标显示了固定资产投资的积极变化，预计年内固定资产投资增速将呈现低位回稳态势。

房地产投资增速可能基本稳定。8月份，房地产投资增速虽然小幅回升，但部分先行指标已出现回落，其中，房屋新开工面积、商品房销售额累计同比增长分别为38.7%和12.2%，虽仍处于历史高位，但较上月已分别下滑1.1和1.5个百分点。土地购置面积同比下降8.5%，较上月下降0.7个百分点，已连续两个月呈负增长。预计年内房地产投资增速进一步提升的空间有限。一是目前一二线城市地价高企，三四线城市存在较大的去库存压力，对地产企业投资意愿有所影响。二是在政策层面，政府收紧房地产调控的政策意图已经非常明显，7月26日中央政治局会议提出抑制资产泡沫；发展改革委鼓励房企积极去库存、扩大土地供给；证监会收紧房企再融资用途，不得用于拿地和偿还银行贷款。一线城市土地供给减少，厦门、武汉、杭州等热点二线城市限购政策相继出台，合肥、苏州等二线城市陆续限贷，未来或有更多城市出台相关调控政策。房地产调控政策收紧将对房地产投资产生一定的抑制效应。

但需要注意的是，尽管1~8月份房地产销售累计同比较前期有所减弱，但潜在需求依然较强，仍将对房地产投资形成一定支撑。从需求端看，自9月份开始，房地产市场将进入传统的销售旺季。近期上海限购传闻导致销售剧增，显著表明一线城市潜在需求依然旺盛。一二线城市的持续火爆或将引导三四线城市不断向好。从供给端看，8月份全国商品房待售面积7.1亿平方米，比上月减少512万平方米，延续了自年初以来逐月下降的趋势；其中，住宅待售面积较上月减少了639万平方米，表明去库存效果明显，尤其是一二线城市出现了供给偏紧迹象。另外，在房地产开发资金来源上，1~8月份订金及预收款、个人按揭贷款分别同比增长29.7%和52.2%，依旧保持较高增速，表明房企资金状况充裕，对未来房地产投资形成支撑。总体看，年内房地产投资增速将保持相对稳定的态势。

基建投资仍将维持较高增速。1~8月份基建投资（不含电力）增长19.7%，增速比1~7月份加快0.1个百分点，占全部投资的比重为19.3%，比上年同期提高1.8个百分点，为投资增速回稳发挥了重要支撑作用。未来一大批基础设施投资项目将持续推进。9月份发展改革委向社会公开推介传统基础设施PPP项目1233个，总投资约2.14万亿元，涉及能源、交通运输、水利、环境保护、农业、林业和重大市政工程等七个领域。而近期PPP项目签约率也大幅提高，其中，2季度比1季度增长43.8%，表明PPP项目正加速落地。为进一步提升PPP项目落地率，政府将继续推出优质项目，并在财税等方面继续加以支持和保障，以推动社会资本的积极性。总体来看，随着积极财政政策继续发力，预计年内基建投资增速仍旧维持高位态势。

制造业投资增速延续低位企稳态势。1~8月份，制造业投资累计同比增长2.8%，其中8月份当月投资增长2.1%，比7月份加快0.5个百分点。年初以来，工业企业利润处于进一步改善过程中，随着PPI降幅持续收窄，工业企业利润增速或将继续明显修复，这可能有利于促进制造业投资的增长。此外，在中央持续督导下，地方政府和金融机构将加大对民间投资的支持力度，实施减税降费等政策，对制造业投资形成利好。房地产投资和基建投资的企稳也将带动一部分制造业的投资需求。综合看，制造业投资将延续低位增长态势，并可能受上年同期的低基数效应影响，年内增速有所企稳。

（2）出口可能出现弱企稳格局。

2016 年年初以来，我国出口累计同比降幅逐步收窄，年内出口可能出现弱企稳格局。从先行指标看，8 月份，中国外贸出口先导指数、出口经理人指数分别为 34.7、38.7，较上月分别回升 0.9、1.8，显示了出口可能改善的迹象。同时，2016 年 1 月至今人民币名义和实际有效汇率指数都处于下行态势，对出口的影响未来可能显现。但全球经济低增长以及贸易萎缩的大环境并未有根本性的改观，国际经济金融环境仍存在很大不确定性，这些因素可能制约我国出口改善的程度。总体而言，短期内我国出口状况可能有所改善，呈弱企稳格局。

（3）消费仍将维持相对平稳增长。

消费仍然缺乏增长动力，将维持总体平稳态势。从不利因素看，一是收入增速放缓对居民消费意愿有所抑制。2016 年上半年全国居民可支配收入同比名义增长 8.7%，实际增长 6.5%，实际增速低于同期 6.7% 的 GDP 增速。二是就业压力将进一步显现，对消费形成负面影响。8 月份，31 个大城市城镇调查失业率为 5.1%，较上月有所回升，未来或将继续上升，不利于消费增长。三是房价处于高位，居民住房贷款持续大幅增长，将影响短中期内居民的消费能力和消费意愿。从有利因素看，短期内家具类、建筑及装潢材料类等居住类商品仍将保持较快增长；汽车购置税减半政策将于年末到期，购车需求或将继续释放，汽车消费或将进一步改善；石油及制品消费等消费预计也将对未来消费形成一定的支撑。总体来看，预计消费整体仍将维持平稳增长态势，也不排除消费增速小幅回落的可能。

3. 宏观政策仍将维持总需求相对稳定

目前，我国经济周期性和结构性问题叠加，全球经济增长乏力，贸易萎缩，国际经济金融存在很大的不确定性。我国宏观政策仍将以稳增长和防风险为底线，政策基调依然是积极财政政策和稳健货币政策。

积极财政政策将进一步发力。预计 4 季度财政政策将继续加码，如推进 PPP 项目落地，降低企业税费负担等。货币政策将继续保持稳健，目前流动性依然充裕，货币政策将更多采用 MLF、PSL 等公开市场操作等方式调节中短期流动性，并做好与供给侧结构性改革相适应的总需求管理，防范去产能、去杠杆过程中产生的金融风险。

总体来看，年内经济增长将基本稳定，总需求推升价格水平上升的动力有限，未来 CPI 和 PPI 的变化受供给面的影响较大。

（二）食品价格将推动 CPI 同比涨幅回升

1. 猪肉价格同比涨幅可能有所扩大

预计年内猪肉价格总体上仍将延续震荡调整格局，大幅变动的可能性不大。一方面，猪肉价格仍存在一定上涨压力。目前，我国生猪产业正经历产能调整过程，在环保力度加大、多数养殖主产区出现限养、禁养的情况下，小规模散养户大量退出市场，而规模养殖企业扩产布局具有滞后期，生猪产能恢复过程被明显拉长。根据农业部发布的监测数据，8月份全国生猪存栏环比上升0.2%，同比下降2.8%；能繁母猪存栏环比下降0.6%，同比下降3.4%，生猪供给持续处于历史低位（见图3－34）。此外，随着天气转凉、学校开学和节假日效应，猪肉季节性需求回升明显。另一方面，本轮猪周期已进入下行阶段，尽管会出现短期波动，但总体趋势不会改变，猪肉价格上涨空间有限，一是国内外价格差距悬殊促使猪肉进口量大幅增长；二是猪价维持高位，抑制了对猪肉需求。

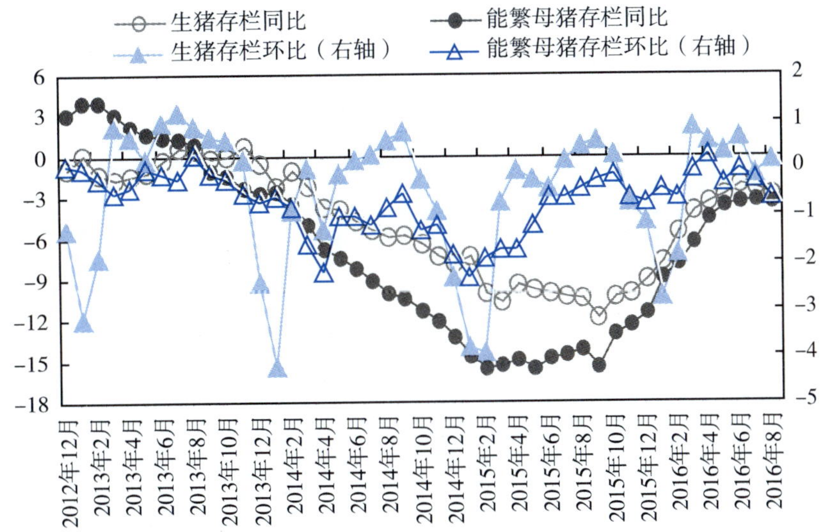

图3－34　我国生猪及能繁母猪存栏变化情况

资料来源：WIND。

猪肉价格同比涨幅可能扩大。2015年7月、8月份猪肉价格处于阶段高点，9月份至11月份中旬则处于相对低位，而2016年9月上旬猪肉价格略高于2015年同期水平。考虑到基期因素的影响，10月、11月份猪肉价格同比涨幅可能扩大（见图3－35）。

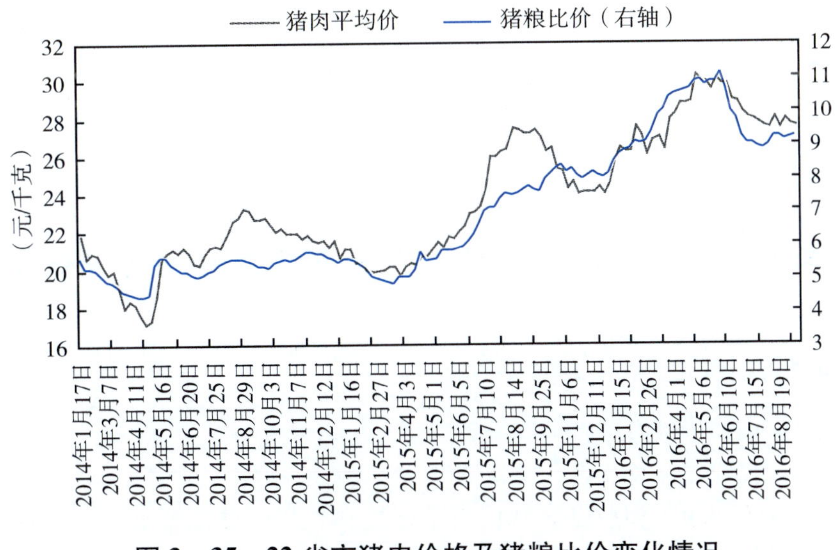

图3－35　22省市猪肉价格及猪粮比价变化情况

资料来源：WIND。

2. 鲜菜价格仍将推升 CPI 同比涨幅

一般而言，9 ~ 11 月份鲜菜价格处于年内相对低位，高频数据显示，2016 年 9 月中旬以来，鲜菜价格已经开始回落，预计后期将延续下行走势。但 2015 年 9 月、10 月份，鲜菜价格回落幅度较大，处于 2012 年以来的最低水平。从 2016 年的形势看，前期恶劣天气的影响大于往年，即使鲜菜价格后期逐步回落，预计回落速度和幅度也将低于上年同期。考虑到 2016 年拉尼娜现象有可能造成北方地区出现极寒天气，进而影响鲜菜供给，年内鲜菜价格很可能由目前同比下降进入同比上升期，对 CPI 上涨形成一定支撑（见图 3 – 36）。

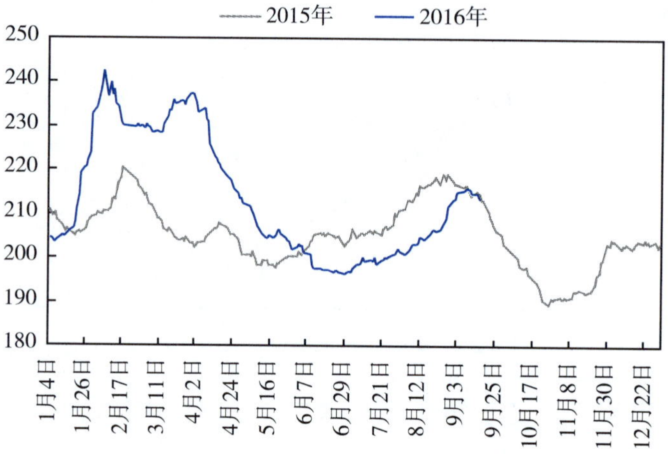

图 3 – 36　农业部菜篮子产品批发价格指数变化情况

资料来源：WIND。

3. 非食品价格变化对 CPI 的影响有限

受到公立医院改革等因素的影响，医疗保健价格 2014 年初至 2016 年 8 月同比涨幅处于上升态势，2016 年 7 月、8 月份同比涨幅皆为 4.3%，对非食品价格同比涨幅产生影响，这种趋势短期内仍可能维持，但其涨幅有可能放缓。在总需求相对平稳的环境下，其他诸如衣着、居住、生活及服务等同比增速仍可能保持低位稳定的态势，非食品价格同比涨幅仍将保持相对稳定，对 CPI 变化的影响有限。

（三）工业品价格可能相对稳定，而 PPI 跌幅将持续收窄

1. 大宗商品价格将处于震荡走势

未来国际大宗商品价格整体将呈现震荡走势，价格中枢可能小幅下行。一方面，在全球经济恢复过程中，需求端增长乏力。国际货币基金组织（IMF）7 月 19 日发布《世界经济展望》更新报告，指出由英国脱欧导致的不确定性使世界经济面临的下行风险上升，预计全球经济活动回升将更为缓慢，2016 年、2017 年全球经济增长分别为 3.1%、3.4%，较 4 月份的预测值均下调了 0.1 个百分点。另一方面，市场对美联储 12 月份加息的预期很高。

2016年9月21日美联储决定将联邦基金利率水平维持在当前的水平，但市场对美国年内加息的预期较高，根据联邦基金利率期货预测，美联储年内加息概率达到58.4%，多数观点认为美联储会在12月加息。美联储加息预期影响美元走势，抑制大宗商品价格上升。

大宗商品价格大幅下降的概率较小。IMF对中国2016年经济增长预测上调了0.1个百分点，中国作为国际大宗商品的最大需求国，经济增长稳定在一定程度上利好国际大宗商品。中国、印度的原油需求仍在增长，特别是印度的原油需求仍在激增，印度在全球原油市场中的消费越来越重要。当然，全球货币宽松下的资金逐利行为、原油市场博弈、库存变化等多重因素造成的短期冲击，会在不同程度上增大国际大宗商品价格运行的不确定性。

2. 工业品价格可能相对稳定

8月份PPI降幅超预期收窄，主要是由于钢铁、煤炭等部分原材料价格上涨推动生产资料价格环比回升。一方面，供给侧结构性改革和去产能持续推进，主要工业品原材料供给端明显收缩；另一方面，受房地产投资和基建投资的带动，工业品原材料需求短期集中释放，工业部门生产出现向好迹象。7月末钢铁行业去产能任务完成全年目标的47%，8月末煤炭去产能任务完成全年目标的60%，如果后几个月完成去产能任务，意味着钢铁和煤炭供给的进一步收缩。同时，随着大量稳增长政策陆续落地，下游市场需求逐渐改善，也对工业品出厂价格进一步形成支撑。

但工业品价格上升也面临制约因素。一是发展改革委出台稳定煤炭供给、抑制煤价过快上涨预案，对煤炭价格具有一定抑制作用。二是供给回升抑制价格上涨空间。以钢铁为例，8月下旬，随着钢价上涨、钢铁行业利润回升，全国高炉开工率上升0.41个百分点至80.66%，河北地区高炉开工率上升1.58个百分点至86.98%，处于2016年初以来的较高水平，钢铁行业供给明显回升。三是需求不可持续。经济“L”型增长和经济转型对工业原材料的需求将趋势性减少，钢铁等工业产品的需求难以持续。四是部分原材料库存有所上升。8月份以来，兰格钢材库存指数持续上涨，9月9日达到90.8，较7月29日上涨8.6，显示钢材积压库存持续增长。高频数据显示，进入9月份以来，Myspic综合钢价指数和动力煤期货价格均有所回落（见图3－37）。

图3－37　钢铁和煤炭价格走势变化情况

资料来源：WIND。

综合判断，短期内国际大宗商品价格和国内工业品价格走势可能维持相对稳定的格局，也存在小幅下行的可能。但 2015 年 4 季度国际大宗商品价格和国内多数工业品价格都处于相对低位，考虑到基期因素，2016 年未来几个月 PPI 当月同比增速将继续改善，尽管改善幅度可能放缓，但转正的可能性很高。

（四）价格变动趋势预测

1. 2016 年 CPI 涨幅在 2%左右

根据对未来经济走势的分析判断及计量经济模型基于已有数据的模拟预测，在没有重大冲击的情形下，我们未改变第 1、2 季度报告的判断，即由于食品价格的波动，CPI 同比涨幅在 2016 年上半年温和上升，在下半年略有下降，8 月份 CPI 同比涨幅为全年低点，9 月、10 月逐步回升，11 ~ 12 月份在 2% 左右，2016 年全年 CPI 涨幅在 2% 左右，2017 年年初下降的可能性较大（见图 3 - 38）。

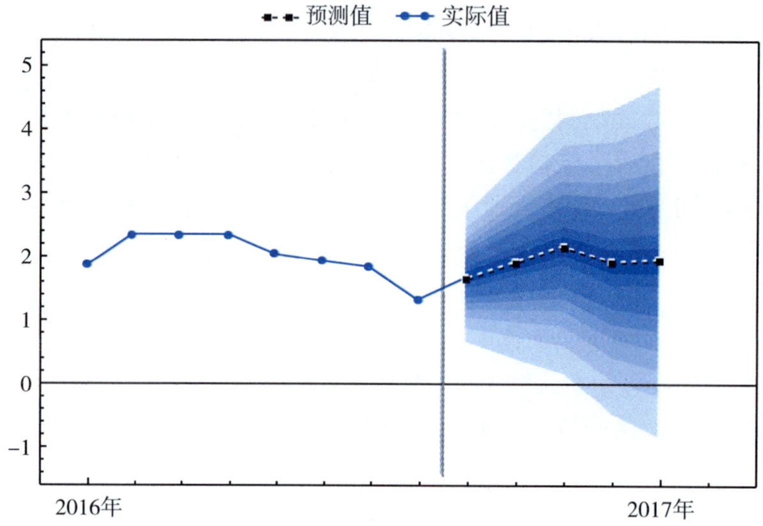

图 3 - 38　CPI 同比涨幅预测

资料来源：2016 年 8 月及之前数据来源于国家统计局，9 月及之后的数据为作者预测。

2. 2016 年 PPI 跌幅在 2.1%左右

根据对未来经济走势的分析判断及计量经济模型基于已有数据的模拟预测，2016 年第 1 季度报告预计 2016 年全年 PPI 跌幅将逐步收窄（下降 4%），但 1 ~ 5 月份 PPI 跌幅收窄幅度超过预期，第 2 季度报告根据大宗商品走势、积极财政政策的力度等国内外因素修正了判断，预计全年 2016 年跌幅在 2.1% 左右。在没有重大冲击的情形下，我们维持 2 季度的预测不变，估计 2016 年 PPI 同比降幅在 2.1% 左右，2017 年年初继续改善的可能性很高（见图 3 - 39）。

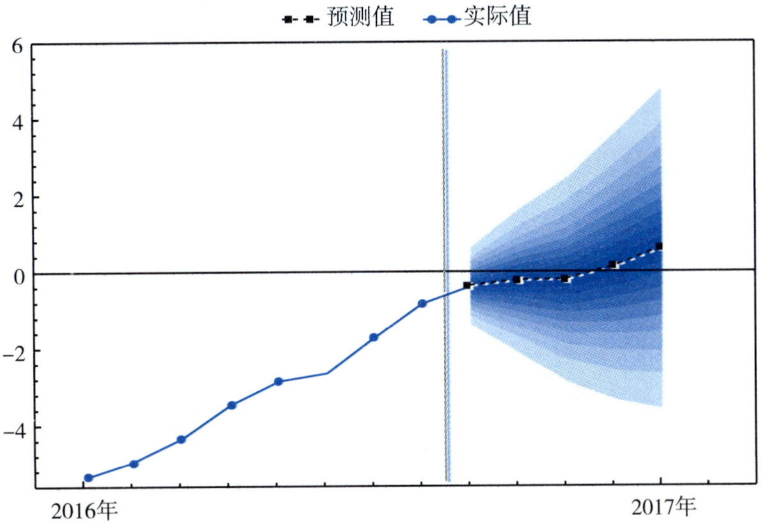

图 3－39　PPI 同比涨幅预测

资料来源：2016 年 8 月及之前数据来源于国家统计局，9 月及之后的数据为作者预测。

第四部分

2016年第4季度价格监测分析

主要观点和结论

9月份以来，价格涨幅持续回升。11月份CPI同比涨幅达到2.3%，其中，食品价格同比涨幅明显回升，非食品价格涨幅稳步提高。PPI同比涨幅由负转正后快速回升，11月份达到3.3%，环比涨幅也达到1.5%。原油价格波动上行，国际大宗商品价格总体上涨。城市住宅销售价格涨幅回落，股票价格指数小幅上涨。

从宏观层面看，近期总需求企稳，为价格涨幅回升提供了支撑。从微观层面看，寒潮天气影响鲜菜等农产品生产和运输，加之上年基数较低，食品价格同比上涨较多；服务等领域供给约束对价格的影响有所显现，医疗保健、教育文化和娱乐、服务等非食品价格同比涨幅扩大。部分工业品供求关系短期的较大调整导致PPI快速上涨，而大宗商品价格回升进一步推动了部分原材料的价格上涨。

2017年总需求明显扩张的概率较小，对物价影响有限。农产品供给条件总体有利，食品价格有可能保持基本稳定。部分工业品短期供应紧张的局面将逐步缓解，价格上涨势头可能逐步减缓。大宗商品价格的变化存在很大的不确定性，总体来看输入性通胀压力有可能加大。上游价格传导、成本上升及价格改革可能在一定程度上推高价格水平。预计2016年全年CPI上涨约2%，PPI下降1.4%；2017年全年CPI上涨2%~2.3%，PPI上涨2%~3%。

（本部分完成于2016年12月24日）

一、价格形势

■ 9 月份以来价格涨幅持续回升。11 月份 CPI 同比涨幅达到 2.3%，其中，食品价格同比涨幅明显回升，非食品价格涨幅稳步提高。PPI 同比涨幅由负转正后快速回升，11 月份达到 3.3%，环比涨幅也达到 1.5%。原油价格波动上行，国际大宗商品价格总体上涨。城市住宅销售价格涨幅回落，股票价格指数小幅上涨。

（一）价格涨幅持续回升

1. 居民消费价格涨幅回升

CPI 同比涨幅连续 3 个月回升。 2016 年 8 月份 CPI 同比涨幅回落至 1.3%，为 2016 年前三季度最低点。9 月份后 CPI 同比涨幅持续回升，10 月、11 月份 CPI 同比涨幅分别为 2.1% 和 2.3%（见图 4－1）。

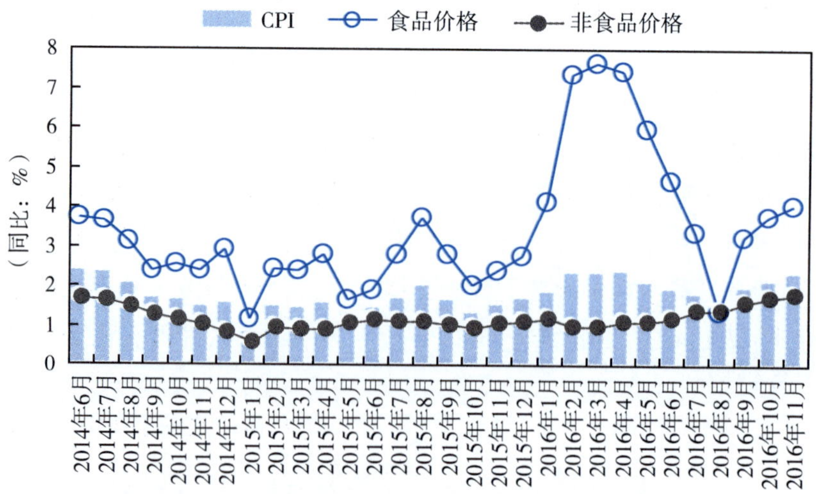

图 4－1　CPI 同比上涨情况

资料来源：国家统计局。

食品价格同比涨幅明显回升。食品价格同比涨幅在 8 月份达到 2016 年前三个季度最低点后，9～11 月份持续上升。11 月份食品价格同比涨幅达到 4.0%，为下半年以来的最高水平。其中，鲜菜价格上涨较快，对食品价格的拉动作用较大。11 月份，鲜菜价格同比涨幅为 15.8%，较上月上升 2.83 个百分点，影响 CPI 上涨约 0.37 个百分点。畜肉类价格同比上涨 4.3%，涨幅较上月上升 0.5 个百分点，其中，猪肉价格同比上涨 5.6%，较上月提高 0.8 个百分点，影响 CPI 上涨约 0.15 个百分点。水产品价格同比上涨 5.0%，与上月基本持平，影响 CPI 上涨 0.09 个百分点。鲜果价格同比上涨 2.8%，较上月回落 3.17 个百分点，影响 CPI 上涨约 0.04 个百分点。蛋类价格降幅明显收窄，11 月份同比下降 2.2%，比 8 月份缩小 5.2 个百分点（见图 4－2）。

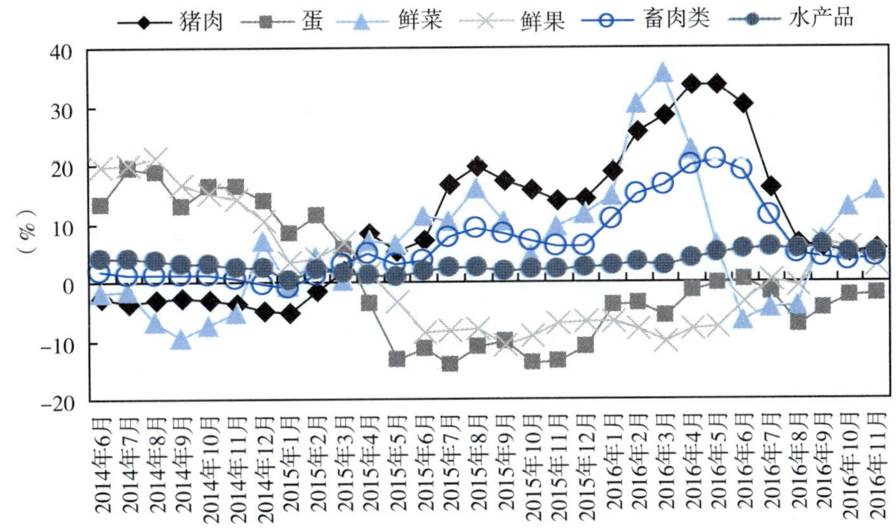

图 4－2　部分食品价格上涨情况

资料来源：国家统计局。

非食品价格涨幅稳步上升。9 月份以来，非食品价格同比涨幅连续上升，10 月、11 月份非食品价格同比涨幅分别为 1.7% 和 1.8%，均比前一个月提高 0.1 个百分点。其中，医疗保健价格同比涨幅保持较高水平，10 月、11 月份同比分别上涨 4.8% 和 4.4%。交通和通信费用价格同比降幅持续收窄，10 月、11 月份同比降幅分别为 0.38% 和 0%，比前一个月分别收窄 0.03 和 0.38 个百分点。居住价格、教育和文化娱乐价格涨幅稳步上升。10 月、11 月份，居住价格同比涨幅分别为 1.78% 和 2.0%，分别比前一个月提高 0.23 和 0.22 个百分点；教育和文化娱乐价格涨幅分别为 2.1% 和 2.0%，均比前一个月提高 0.1 个百分点。衣着、生活用品及服务价格涨幅基本保持稳定，11 月份同比分别上涨 1.4% 和 0.3%。8 月份以来，服务价格上涨明显，9 月、10 月和 11 月同比涨幅均保持在 2.0% 以上，其中 10 月份服务价格同比涨幅达到 2.5%，为 2014 年 8 月以来最高水平（见图 4－3）。

核心 CPI 涨幅明显提高。在非食品价格不断上涨的带动下，不包括食品和能源的核心 CPI 上涨明显。11 月份核心 CPI 同比上涨 1.9%，达到 2014 年 2 月以来的最高水平。

翘尾因素影响有所增强，新涨价因素影响持续上升。2016 年 10 月、11 月份，价格变动的翘尾因素均约为 0.5%，与 8 月、9 月相比明显提高。9 月份以来，价格变动的新涨价因素不断上升，11 月份达到 1.8%，较上月上升 0.2 个百分点，对 CPI 同比涨幅的贡献度为 78.3%，较上月上升 1.6 个百分点（见图 4－4）。

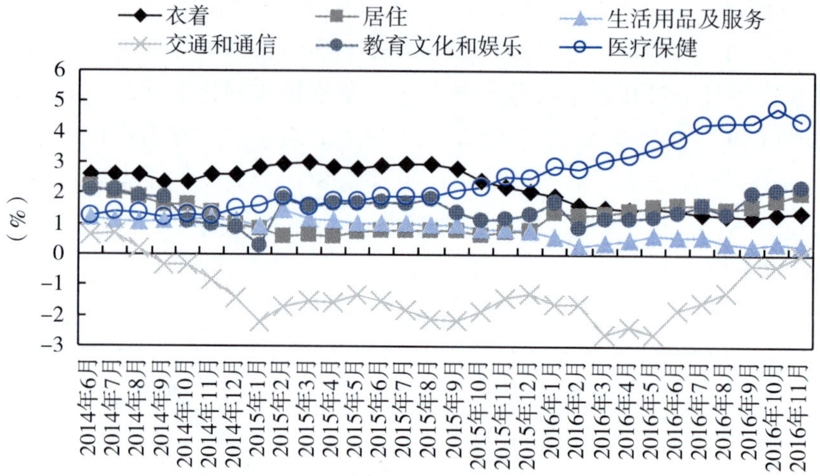

图 4－3　非食品价格变化情况

资料来源：国家统计局。

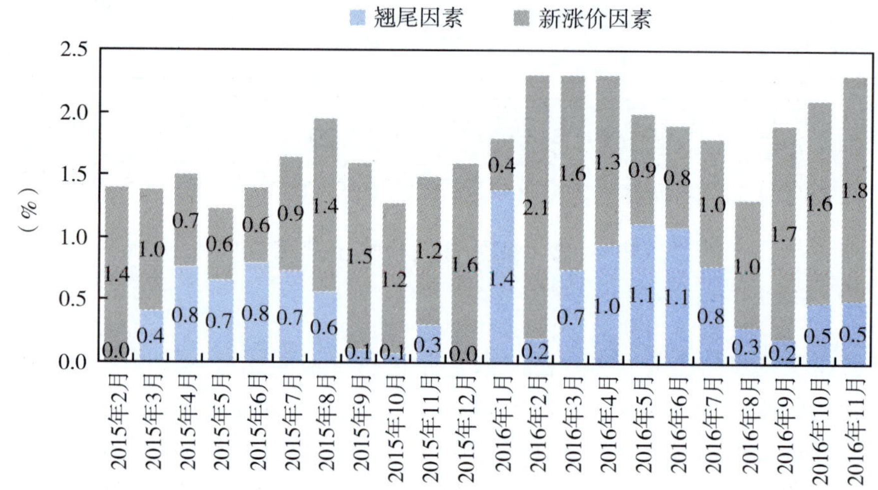

图 4－4　翘尾因素和新涨价因素

资料来源：国家统计局。

CPI 环比涨幅的变化基本符合历史趋势。9 月份以来，CPI 环比涨幅的变动与历史趋势基本一致，与历史同期均值的差距缩小。2016 年 11 月份，CPI 环比上涨 0.1%，涨幅由负转正，较上月扩大 0.2 个百分点，仅比 2001～2015 年平均值高 0.01 个百分点（见图 4－5）。其中，食品价格环比上涨 0.2%，涨幅较上月扩大 1.2 个百分点；非食品价格环比上涨 0.1%，涨幅与上月持平。

2. 工业生产者价格同比快速上升

2016 年 9 月份以来，PPI 同比由负转正，涨幅快速回升。9 月、10 月、11 月份 PPI 同比

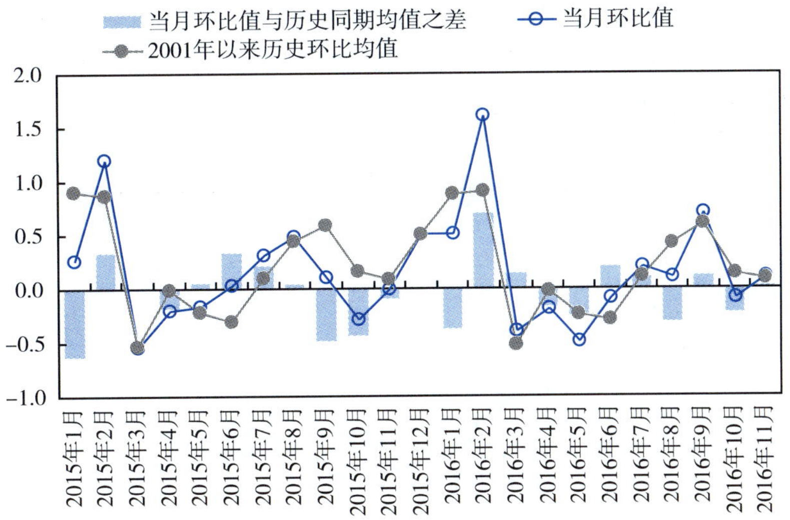

图 4-5　CPI 环比与历史均值比较

资料来源：国家统计局。

涨幅分别为 0.1%、1.2%、3.3%。其中，11 月份生产资料价格同比上涨 4.3%，涨幅较上月扩大 2.7 个百分点，影响 PPI 上涨约 3.2 个百分点；生活资料价格同比上涨 0.4%，涨幅较上月扩大 0.3 个百分点，影响 PPI 上涨约 0.1 个百分点。

PPI 环比涨幅快速上升是影响同比涨幅扩大的主要因素。9 月、10 月、11 月份 PPI 环比涨幅分别为 0.5%、0.7%、1.5%。PPI 新涨价因素继续扩大，翘尾因素降幅持续收窄，11 月份新涨价因素影响 PPI 同比上涨 3.9 个百分点，翘尾因素影响 PPI 下降约 0.6 个百分点，比上月收窄 0.4 个百分点（见图 4-6）。

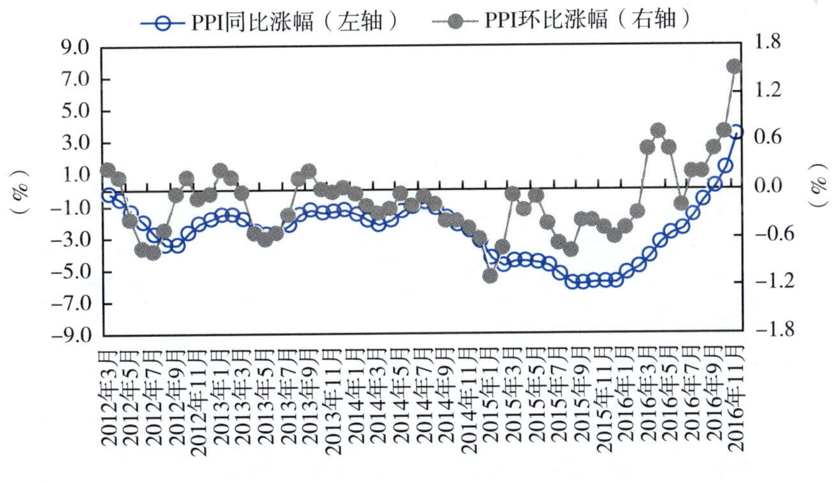

图 4-6　工业生产者出厂价格走势

资料来源：国家统计局。

3. 企业商品价格涨幅扩大

人民银行监测的企业商品价格（CGPI）在 9 月份同比涨幅由负转正，10 月份同比上涨

1.7%，比上月扩大 1.5 个百分点。其中，农产品价格同比上涨 3.3%，涨幅比上月扩大 1.7 个百分点；矿产品价格同比上涨 2.2%，涨幅比上月扩大 0.7 个百分点；煤油电同比上涨 1.9%，涨幅比上月扩大 3.3 个百分点（见图 4－7）。

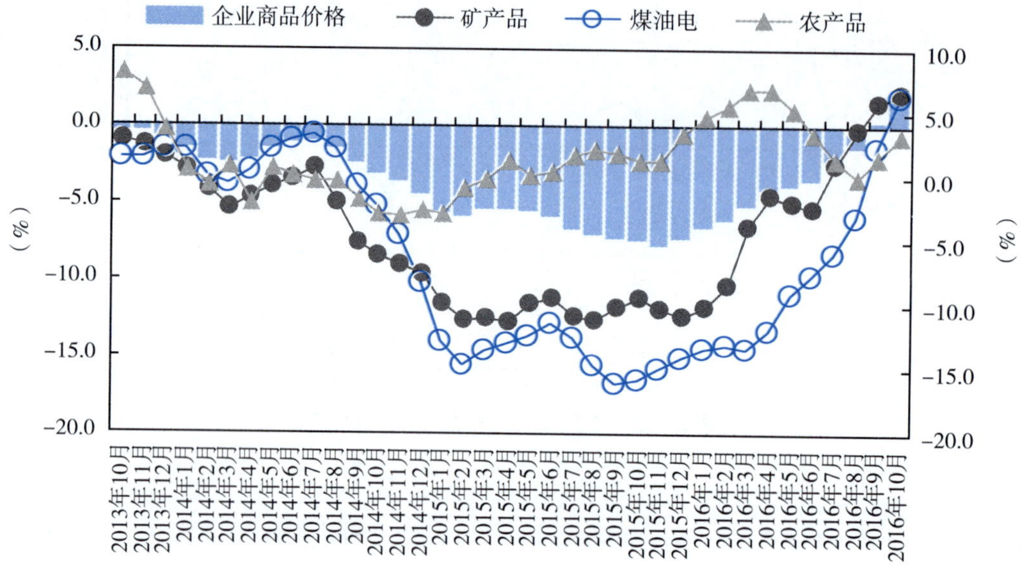

图 4－7　企业商品价格走势

资料来源：中国人民银行。

4. 进出口价格指数同比降幅继续收窄

2016 年下半年以来，进出口价格保持回升态势。8 月份进出口价格指数达到近期高点。9 月份，进出口价格指数均有所回落，但 10 月份双双反弹。10 月份，出口价格指数同比下降 1.3%，较前一个月收窄 4.4 个百分点；进口价格指数同比上升 1.0%，较前一个月回升 1.8 个百分点（见图 4－8）。

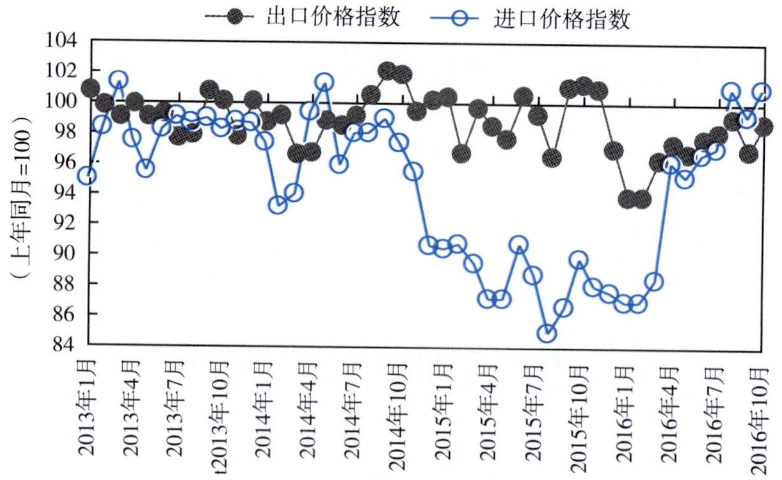

图 4－8　进出口价格走势

资料来源：海关总署。

（二）国际大宗商品价格总体上升

1. CRB 商品价格指数震荡上行

2016 年 9 月至 12 月中旬，大宗商品价格指数基本上在 180～190 的区间内小幅震荡，少数时点上稍微突破了上下限。9 月 1 日 CRB 商品价格指数为 178. 21，为近几个月的最低点。10 月 19 日 CRB 商品价格指数回升至 190. 77，随后再次下探，11 月 14 日降至 180. 74。之后，CRB 商品价格指数持续回升，12 月 20 日上升至 190. 57，较 11 月 14 日上升 5. 4%（见图 4－9）。

图 4－9　RJ/CRB 商品价格指数走势

资料来源：WIND。

2. 国际原油价格震荡上涨

2016 年 9 月 1 日国际原油价格达到阶段性低点，布伦特原油期货价格和 WTI 原油期货价格分别收于 45. 45 美元/每桶和 43. 16 美元/每桶。之后，原油价格呈波动状态。10 月 10 日，布伦特原油期货价格和 WTI 原油期货价格分别回升至 53. 14 美元/每桶和 51. 35 美元/每桶。随后，两大原油价格指数再次下降，11 月 14 日布伦特原油期货价格和 WTI 原油期货价格分别收于 44. 43 美元/每桶和 43. 32 美元/每桶。此后，原油价格开始震荡上行。12 月 20 日布伦特原油期货价格和 WTI 原油期货价格分别收于 55. 35 美元/每桶和 52. 23 美元/每桶，分别较 11 月 14 日上涨 24. 6% 和 20. 6%（见图 4－10）。

3. 铁矿石价格快速上升

普氏铁矿石价格指数（62% Fe：CFR 中国北方）2016 年 10 月 4 日收于 54. 85 美元/干吨，为 9 月份以来的最低点。之后，铁矿石价格开始快速回升，12 月 20 日达到 79. 45 美元/干吨，较 10 月 4 日上涨 44. 8%（见图 4－11）。

图 4－10　国际原油期货价格走势

资料来源：WIND。

图 4－11　铁矿石价格走势

资料来源：WIND。

4. 主要有色金属价格持续上涨

2016 年 9 月份后国际铜和铝的价格持续上升。国际铜价由 9 月 12 日的 4573 美元/吨上涨至 11 月 28 日的 5935.5 美元/吨，涨幅为 29.8%；国际铝价由 9 月 12 日的 1545.5 美元/吨上涨至 11 月 11 日的 1777 美元/吨，涨幅为 14.9%。随后，国际铜价和国际铝价分别在 5300 美元/吨和 1700 美元/吨上方震荡，12 月 20 日国际铜价和国际铝价分别为 5485 美元/吨和 1722.5 美元/吨（见图 4－12）。

5. 主要农产品价格小幅上涨

2016 年 9 月份之后，CBOT 大豆、玉米、小麦和稻谷期货价格小幅波动，总体上有所上

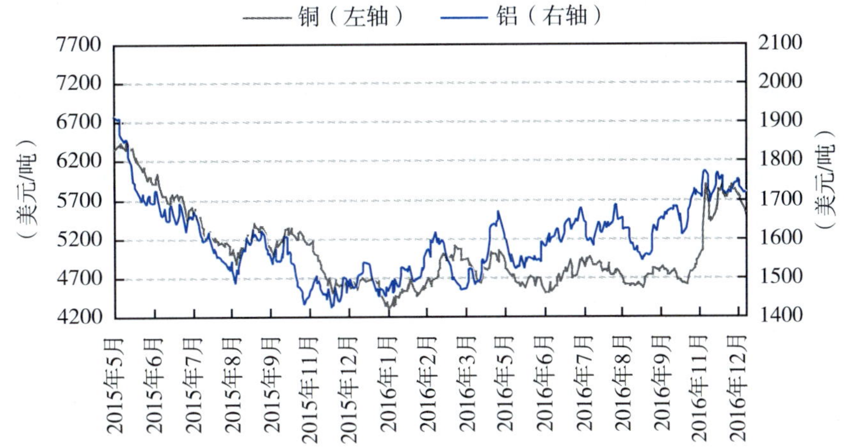

图 4－12　LME 铜和铝价格走势

资料来源：CEIC。

涨。12 月 20 日，CBOT 大豆、玉米、小麦和稻谷的期货结算价分别为 10.16 美元/蒲式耳、3.5 美元/蒲式耳、4.03 美元/蒲式耳和 9.71 美分/英担，较 9 月 1 日分别上涨 0.72 美元/蒲式耳、0.26 美元/蒲式耳、0.08 美元/蒲式耳、0.29 美分/英担（见图 4－13）。

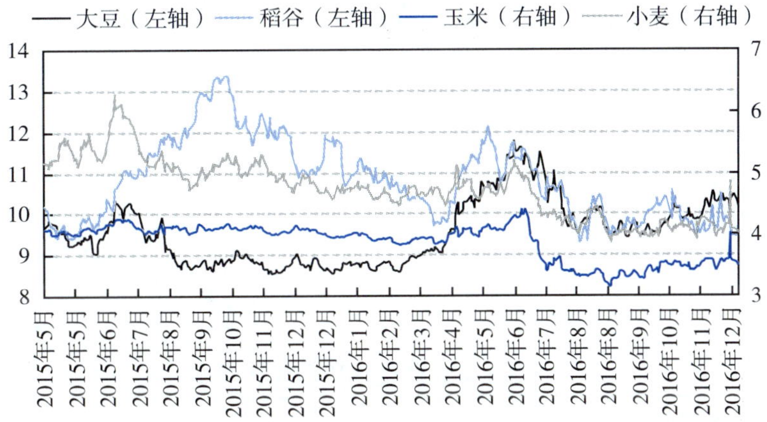

图 4－13　CBOT 粮食价格走势

注：图中大豆、玉米、小麦价格单位为美元/蒲式耳，稻谷价格单位为美分/英担。

资料来源：CEIC。

（三）资产价格涨幅总体放缓

1. 一二线城市住宅销售价格涨幅放缓

2016 年 11 月份，70 个大中城市新建商品住宅和二手住宅价格环比上涨的城市分别有 59 个和 53 个。从新建住宅看，11 月份一线城市北京、上海、广州、深圳价格分别环比上涨 0、0、0.9% 和 －0.3%，较 9 月份环比涨幅分别下降 4.5、2.7、2.2 和 2.2 个百分点（见图

4－14）。二线城市中南京、合肥、杭州、武汉价格分别环比上涨 0.2%、－0.1%、－0.3% 和 1.5%，较 9 月份环比涨幅分别下降 3.3、4.7、5.8 和 2.3 个百分点（见图 4－15）。从二手住宅看，11 月份一线城市北京、上海、广州和深圳价格环比分别上涨 0.2%、－0.2%、0.8% 和 －0.7%，较 9 月份别下降 5.5、3.6、2.5 和 2.5 个百分点。二线城市中南京、合肥、杭州、武汉价格环比分别上涨 1.8%、－0.6%、0 和 2.0%，较 9 月份别下降 1.7、3.4、4.5、1.7 个百分点（见图 4－14）。

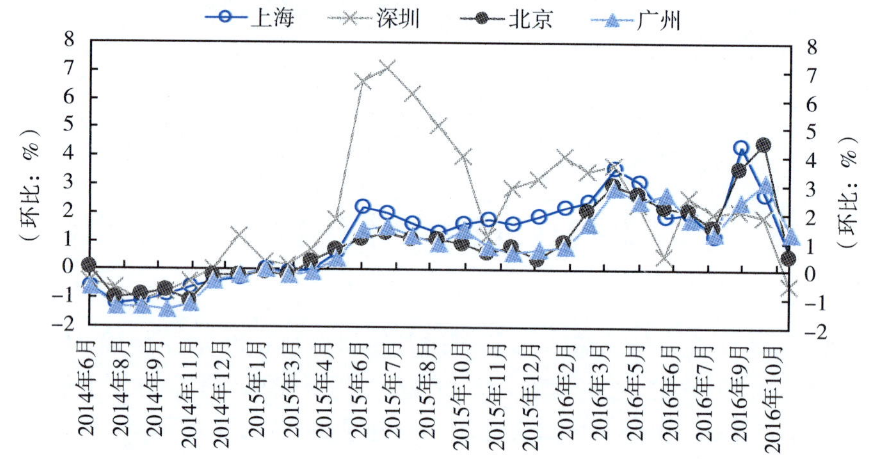

图 4－14　一线城市新建住宅价格环比变动情况

资料来源：国家统计局。

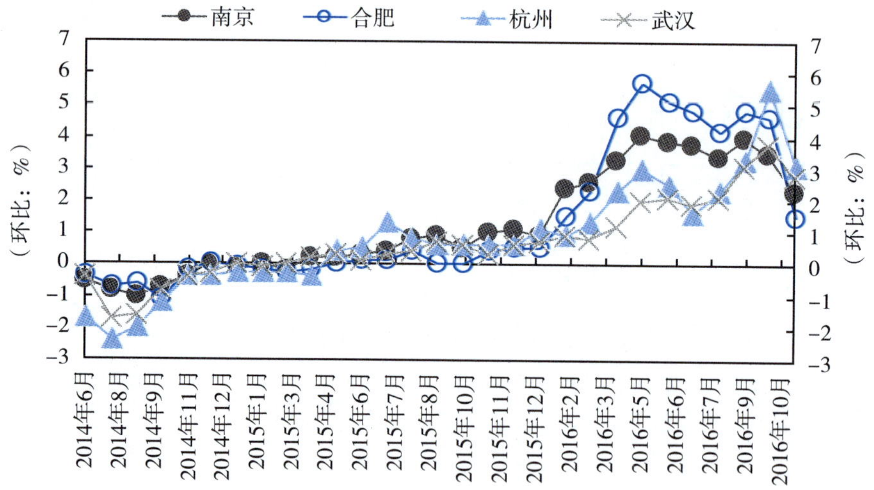

图 4－15　部分二线城市新建住宅价格环比变动情况

资料来源：国家统计局。

2. 股票价格指数总体有所上涨

9 月份以后，股票价格指数和上交所平均市盈率持续回升，11 月 29 日达到近期高点，随后出现小幅回落。12 月 20 日上证综合指数为 3102.88 点，较 9 月 1 日上涨 39.57 点，涨幅为1.3%，上交所平均市盈率15.88倍，较9月1日上升4.6%（见图4－16）。

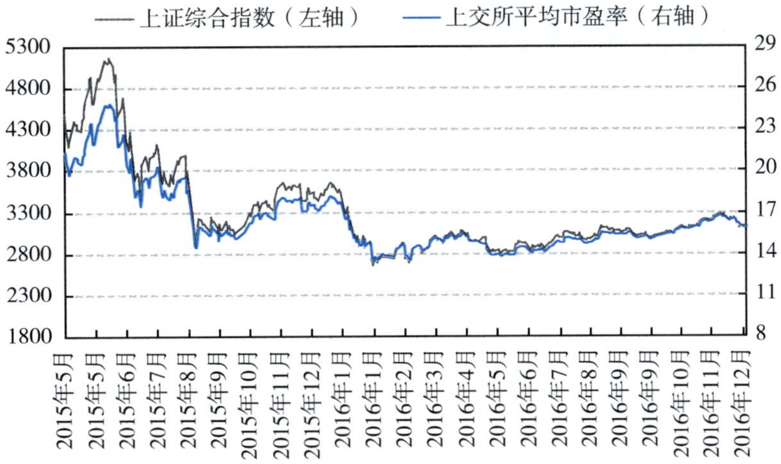

图4－16 上证指数和上交所平均市盈率走势

资料来源：CEIC。

3. 中债价格指数大幅下降，债券收益率普遍上行

中债总净价指数和中债国债总净价指数9月初开始逐步回升，10月21日升至近期最高点，两指数分别为120.89和122.58。随后，中债价格指数开始下降，12月20日，中债总净价指数和中债国债总净价指数分别为115.03和116.38，分别较10月21日下降4.8%和5.1%（见图4－17）。各关键期限债券收益率普遍上升，12月20日，不考虑隔夜收益率，国债、政策性银行债和企业债（AAA）较10月21日平均上行84BP、127BP和146BP。

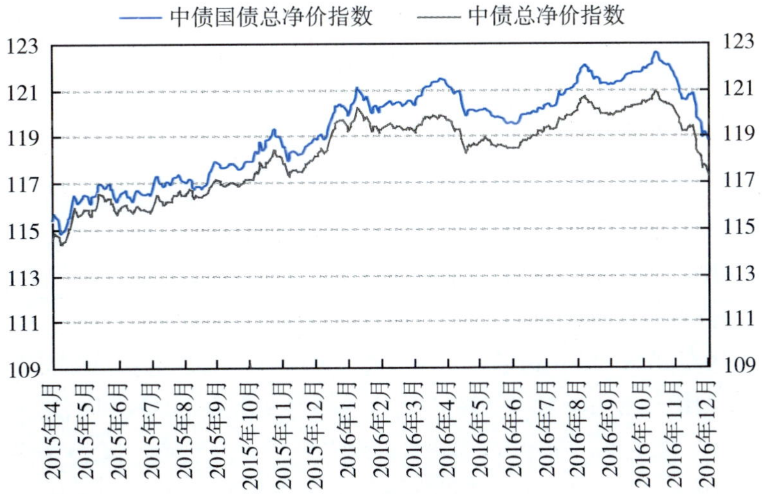

图4－17 中债指数走势

资料来源：WIND。

二、成因分析

■ 从宏观层面看，近期总需求企稳，为价格涨幅回升提供了支撑。从微观层面看，寒潮天气影响鲜菜等农产品生产和运输，加之上年基数较低，食品价格同比上涨较多；服务等领域供给约束对价格的影响有所显现，医疗保健、教育文化和娱乐、服务等非食品价格同比涨幅扩大。部分工业品供求关系短期的较大调整导致 PPI 快速上涨，而国际大宗商品价格回升进一步推动了部分原材料价格上涨。

（一）总需求增长趋稳，为价格回升提供了支撑

2016 年 9 月份以来，稳增长的政策效果不断显现，加之国外市场需求有所改善，总需求企稳势头进一步显现。

1. 投资增速低位企稳

2016 年 1～11 月份，全国固定资产投资累计同比增长 8.3%，增速比上年同期下滑 1.9 个百分点，但比 1～9 月份扩大 0.1 个百分点。其中，民间固定资产投资同比名义增长 3.1%，增速比 1～9 月份提高 0.6 个百分点，占全国固定资产投资（不含农户）的比重为 61.5%，比 1～9 月份提高 0.1 个百分点。从单月看，10 月、11 月份民间固定资产投资同比分别增长 5.9% 和 4.9%，均高于 3～9 月份的单月同比增速。分地区看，1～11 月份，东、西部地区固定资产投资累计同比分别增长 9.5% 和 12.6%，比 1～9 月份分别下滑 0.4 和 0.5 个百分点，比上年同期加快 1.0 和 3.7 个百分点；中部地区增长 12.6%，比 1～9 月份下滑 0.1 个百分点，比上年同期下滑 2.1 个百分点；东北地区同比下降 24.7%，但降幅比 1～9 月份收窄 4.2 个百分点（见图 4－18）。

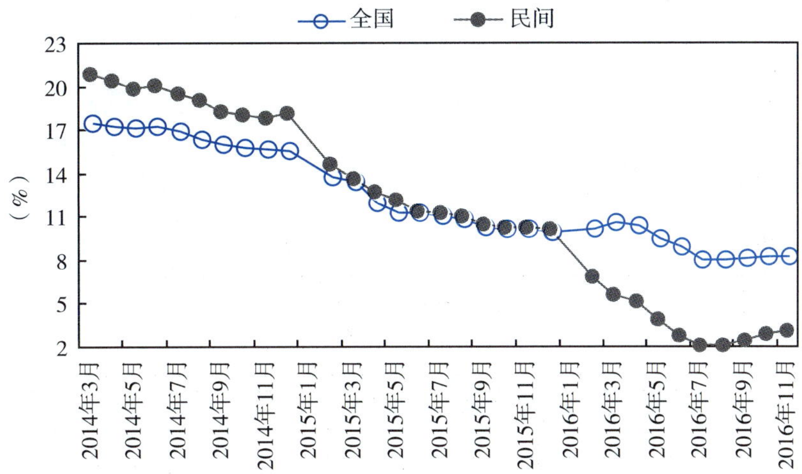

图4-18 全国及民间固定资产投资累计同比增速变化情况

资料来源：WIND。

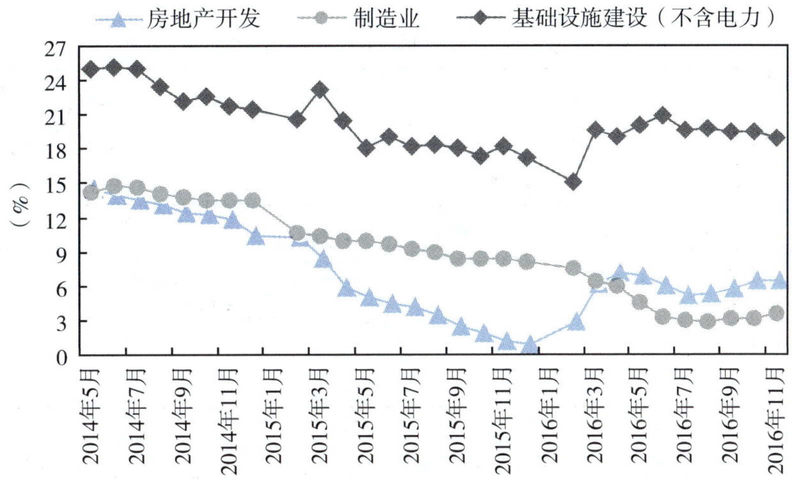

图4-19 三大固定资产投资累计同比增速变化情况

资料来源：WIND。

房地产开发投资增速保持回升态势。在前期商品房销售火爆和房价快速上涨的带动下，房地产开发投资增速保持回升态势，1~11月份累计同比增长6.5%，增速比1~9月份上升0.7个百分点，比上年同期上升5.2个百分点。房屋新开工面积累计同比增长7.6%，比1~9月份加快2.7个百分点，但比上半年下滑7.3个百分点（见图4-20、图4-21）。

基建投资增速维持较高水平。随着积极财政政策加力增效、PPP项目加速落地、重大项目建设进程加快，基建投资增速继续维持在20%左右的高位。1~11月份，基础设施建设投资（不含电力）累计同比增长18.9%，增速比1~9月份下降0.5个百分点，但比上年同期提高0.7个百分点。其中，水利、环境和公共设施管理业投资增长23.9%，增速比上年同期提高2.8个百分点；教育行业投资增长22.1%，增速比上年同期提高6.4个百分点；文化、体育和娱乐业投资增长16.5%，增速比上年同期提高6.8个百分点。

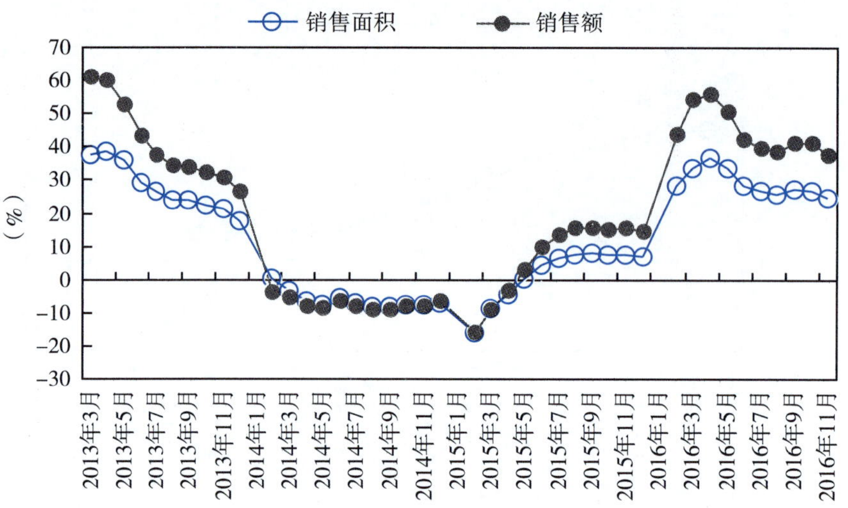

图4-20　商品房销售面积和销售额累计同比变化情况

资料来源：WIND。

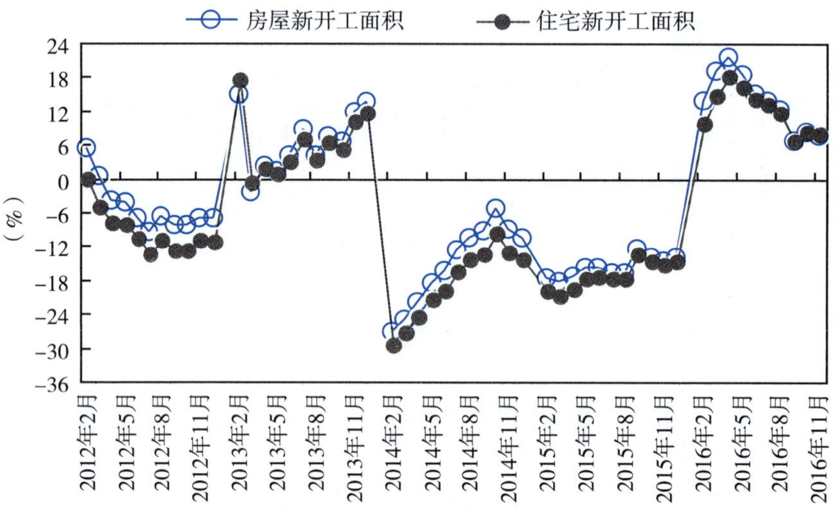

图4-21　房屋新开工面积累计同比变化情况

资料来源：WIND。

制造业投资增速低位回升。受企业盈利有所改善、稳增长及扩大民间投资等政策影响，制造业投资增速有所回升。但市场需求不足、传统行业产能过剩矛盾依然突出，制造业投资增速仍处于低位。1～11月份，制造业投资累计同比增长3.6%，增速比1～9月份提高0.5个百分点，比上年同期下降4.8个百分点。从当月同比看，11月份制造业投资增长8.4%，高于2016年其他各月增速。分行业看，电气机械及器材制造业、电子设备制造业等投资增速加快，黑色金属冶炼及压延加工业投资同比降幅比上年同期有所收窄，但化学原料及化学制品制造业、运输设备制造业、非金属矿物制品业等行业投资持续负增长，有色金属冶炼及压延加工业、通用设备制造业、专用设备制造业、金属制品业等行业投资增速比上年同期也有较大幅度下滑。

2. 消费需求稳中趋缓

在经济增长放缓、城乡居民收入增幅回落的背景下，消费需求增速总体放缓。2016 年 1～11 月份，社会消费品零售总额累计同比增长 10.4%，与 1～9 月份累计增速持平，但比上年同期下降 0.2 个百分点。从当月同比增速看，10 月、11 月份当月实际同比分别增长 8.8% 和 9.2%，均为 2012 年 2 月以来的低值（见图 4－22）。

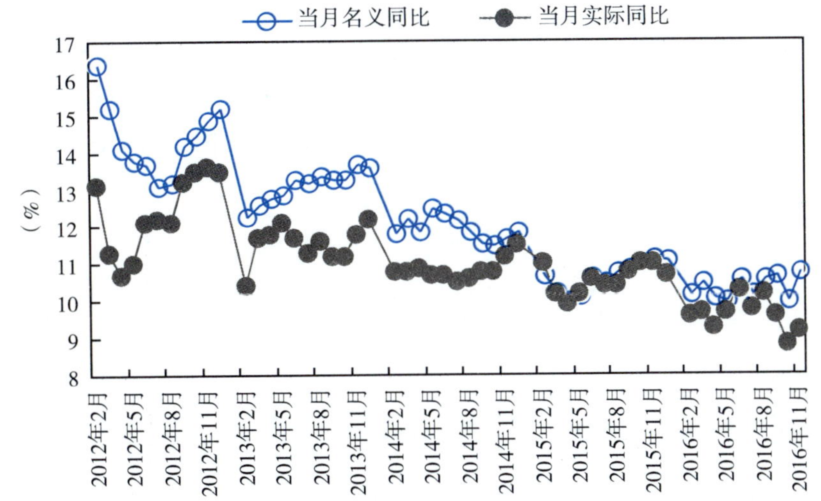

图 4－22　社会消费品零售总额名义及实际当月同比增速变化情况

资料来源：WIND。

餐饮收入的增速在 2015 年出现明显回升后，在 2016 年总体上呈下滑趋势。1～11 月份累计同比增长 10.8%，比 1～9 月份下降 0.2 个百分点，比上年同期下降 1 个百分点。其中，10 月份餐饮收入的增速为 10.0%，比上年同期下降 2.4 个百分点，创下 2015 年以来的新低（见图 4－23）。

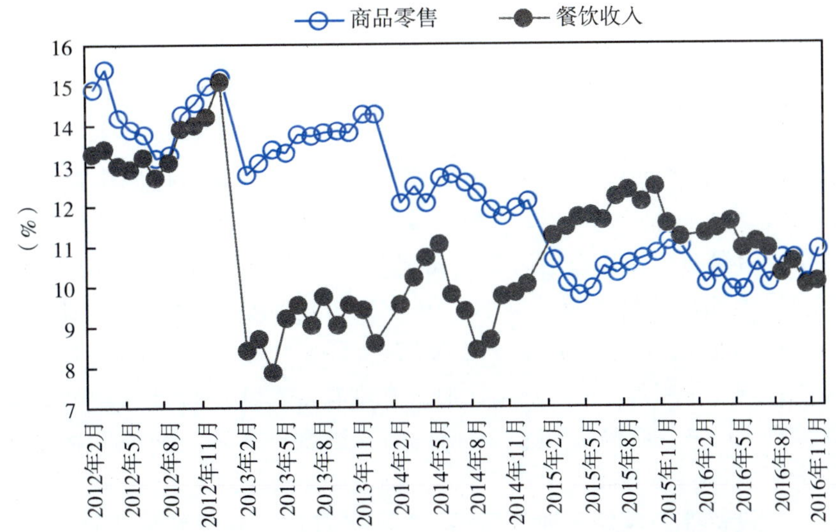

图 4－23　商品零售和餐饮收入当月同比增速变化情况

资料来源：WIND。

从商品零售的分项情况看，受小排量购置税减半政策的影响，汽车类消费增速继续回升，1～11 月份限额以上单位汽车类商品零售累计同比增长 9.5%，增速比 1～9 月份提高 0.4 个百分点，比上年同期提高 4.5 个百分点。受成品油价格回升等因素影响，石油及制品类零售增速由负转正，1～11 月份限额以上单位石油及制品类商品零售累计同比增长 0.6%，增速比 1～9 月份提高 1.1 个百分点，比上年同期提高 7.6 个百分点。随着房价调控政策出台，商品房销售下滑，受其影响，家具类、建筑及装潢材料类等部分居住类商品增速回落，1～11 月份，限额以上单位家具类、建筑及装潢材料类商品零售同比分别增长 13.0% 和 14.6%，增速比 1～9 月份回落 0.9 和 0.8 个百分点，比上年同期回落 3.0 和 3.9 个百分点。此外，通信器材等商品零售额增速继续回落，1～11 月份限额以上单位通信器材类商品零售同比增长 12.4%，增速比 1～9 月份回落 0.3 个百分点，比上年同期回落 20.6 个百分点（见图 4－24）。

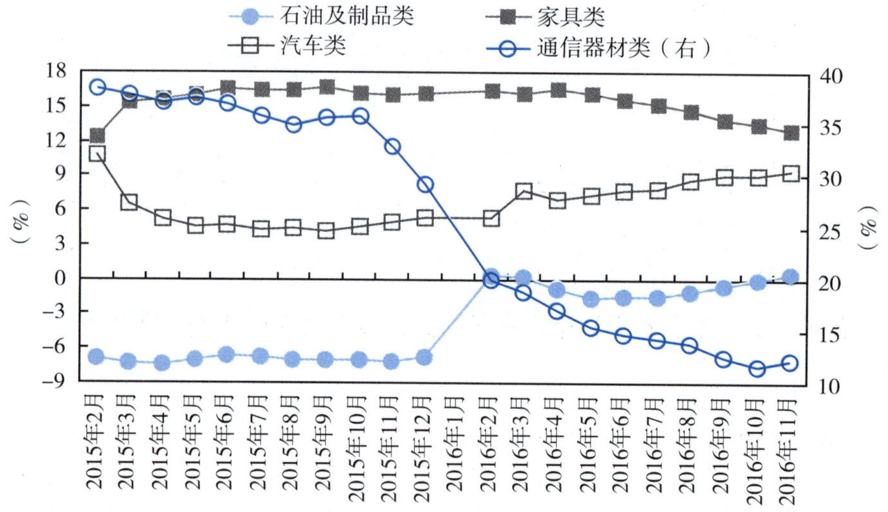

图 4－24　限额以上单位商品零售累计同比增速变化情况

资料来源：WIND。

3. 出口需求有所改善

2016 年 11 月份，以美元计价的出口同比增长 0.1%，为 3 月份以来首次正增长，涨幅比上年同期扩大 7.2 个百分点。1～11 月份，我国出口金额累计同比下降 7.5%，降幅比前三季度收窄 0.7 个百分点。从出口地区看，我国对美、日累计出口金额同比降幅有所收窄，对欧盟和东盟出口金额同比降幅略有扩大，对中国香港地区出口金额同比降幅持续扩大。1～11 月份，对美国出口金额累计同比下降 6.6%，降幅比前三季度减少 1.2 个百分点；对日本出口金额累计同比下降 4.6%，降幅比前三季度减少 0.9 个百分点；对欧盟和东盟出口金额累计同比分别下降 4.4% 和 8.0%，降幅比前三季度扩大 0.1 和 0.2 个百分点。对中国香港地区出口金额累计同比下降 9.3%，降幅比前三季度扩大 1.6 个百分点（见图 4－25）。从贸易方式看，一般贸易表现好于加工贸易，1～11 月份，一般贸易累计出口 10227.89 亿美元，下降 6.9%；加工贸易累计出口 6433.77 亿美元，下降 10.7%。一般贸易占出口总值的 53.9%，比上年同期上升 0.3 个百分点。

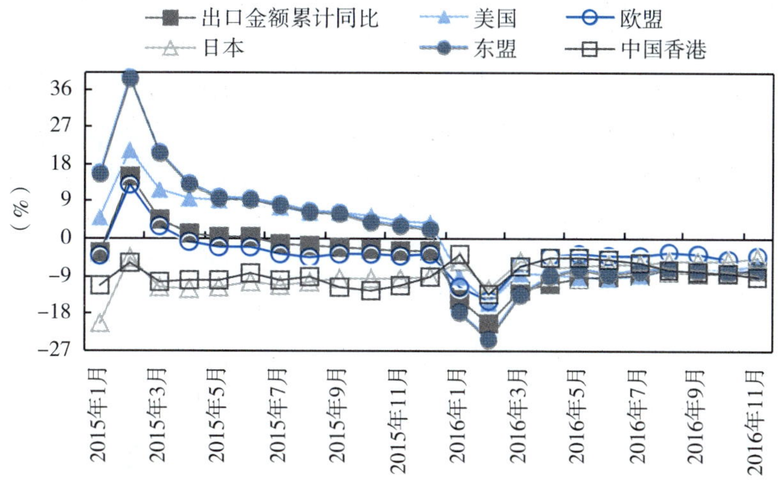

图4-25 我国出口总额及对主要贸易伙伴出口累计同比增速变化情况

资料来源：海关总署。

出口需求改善主要受贸易伙伴需求边际改善的影响。10月、11月份主要经济体经济状况有所好转，摩根大通全球制造业PMI持续提升，美国、欧元区和日本11月份制造业PMI分别比9月份上升1.7、1.1和0.9个百分点，此外美国的就业和消费数据也均好于预期。受此影响，国际贸易形势持续好转。2016年4季度以来，波罗的海干散货指数（BDI）快速回升，11月18日达到1257点，为2015年以来的最高值，比2016年9月30日上涨43.6%，比上年末大幅上涨163.0%（见图4-26）。

图4-26 波罗的海干散货指数（BDI）变化情况

资料来源：WIND。

（二）天气及基期因素影响食品价格涨幅扩大

10月、11月份食品价格同比分别上涨3.7%和4.0%，涨幅比3季度有所扩大，主要是受到鲜菜上涨及基期因素的影响，而上半年推升 CPI 上涨的猪肉价格 7 至 11 月份环比一直为负。一方面，上年同期气温相对较高，鲜菜供给充足，菜价处于低位，拉低了对比基数。另一方面，受拉尼娜现象影响，2016 年 8 月下旬我国内地自东向西、自北向南就出现了一轮强降温的气象，9 月份以来全国大部分地区遭受寒潮天气，影响鲜菜的生产和运输，导致 10 月、11 月份与上年同期相比，鲜菜供应相对不足，价格上涨。从 50 个城市主要食品价格监测看，10 月、11 月份主要鲜菜价格均呈上涨趋势，芹菜、大白菜等同比涨幅超过 20%。此外，受天气因素影响鲜果价格同比由负转正，蛋类价格持续下降情况下供给稳中偏紧导致蛋类价格降幅收窄，也影响到食品价格涨幅扩大（见图 4－27）。

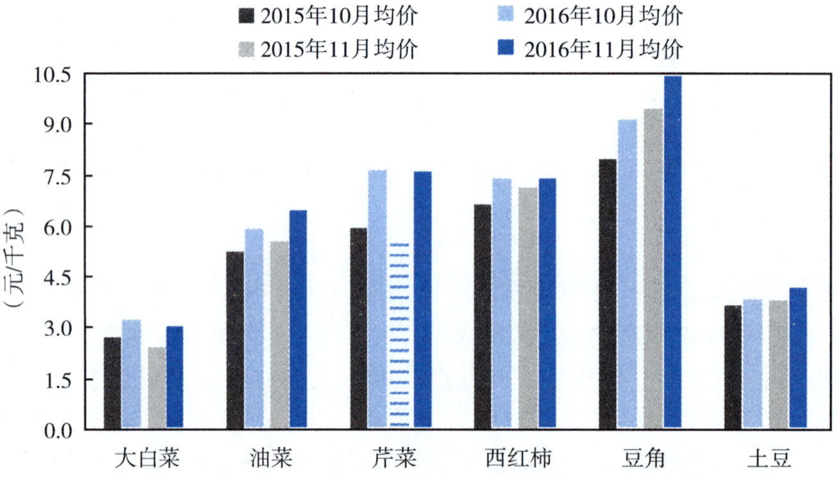

图 4－27　50 个城市主要鲜菜平均价格变动情况

资料来源：国家统计局。

（三）服务等领域供给约束对非食品价格的影响有所显现

随着消费结构升级，居民对服务的消费需求增长较快，在消费增长整体趋缓的情况下，一些服务领域的需求仍增长较快。但一些服务领域的供给尚跟不上需求的变化，供求矛盾较为突出。在此情况下，市场定价的部分价格出现上涨，而还存在价格管制的部分价格也逐步放开。从非食品价格的变动情况看，医疗保健、教育文化娱乐和旅游、服务等价格上涨较快。医疗保健价格自 2016 年 7 月以来同比涨幅持续扩大，10 月、11 月份同比分别上涨 4.8% 和 4.4%，涨幅为 20 年以来的高点。医疗保健价格上涨较快主要受药品价格放开后快速上涨的影响。2015 年 5 月发展改革委等部门制定了《推进药品价格改革的意见》，自 2015 年 6 月 1 日起，除麻醉药品和第一类精神药品外，取消原政府制定的药品价格。药品价格放开后，中、西药价格均明显上涨，2016 年以来药品价格上涨加快，近两个月增速进一步提升。2016 年 7 月国家发展改革委等部门制定了《推进医疗服务价格改革的意见》，医疗服务价格改革也逐步推进，医疗服务价格明显上涨，2016 年 10 月份同比上涨 4.6%，为最近 10 年高点。教育文化娱乐作为消费热点，价格持续上升，10 月、11 月份同比分别上涨 2.3% 和 3.3%，涨幅比上年同期扩大 2.29 和 3.1 个百分点。

其他用品和服务价格同比由年初的负增长转正，涨幅总体呈扩大趋势，10 月、11 月份同比分别上涨 3.6% 和 4.2%（见图 4－28）。

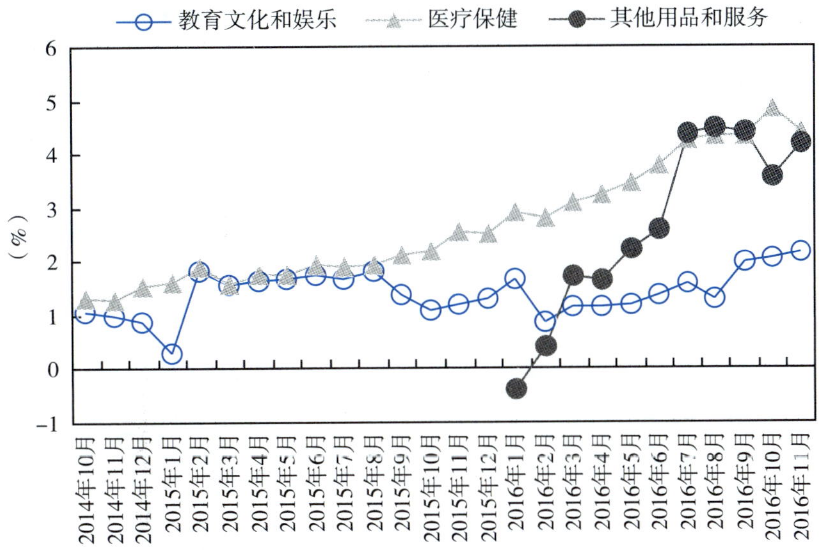

图 4－28　教育文化和娱乐、医疗保健、其他服务用品价格当月同比变动情况

注："其他用品和服务"为 2016 年基期轮换后新增加的大类，包括从原来的"医疗保健和个人用品"、"娱乐教育文化用品及服务"、"家庭设备用品及维修服务"等拆分出来的项目及"养老服务"、"金融服务"等新增项目。

资料来源：WIND。

此外，在国际原油价格上升的背景下，国内成品油价格总体上调，9～11 月份，车用燃料及零配件价格同比自 2014 年 8 月以来再度转正，分别上涨 2.0%、2.1% 和 4.5%；11 月份，居住类水、电及燃料价格同比上涨 0.6%，自 2014 年 10 月以来再度转正。

（四）工业品供求调整及大宗商品价格回升导致 PPI 涨幅扩大

"去产能"及边际需求改善导致国内工业品供求关系调整，推动部分工业品价格回升；而近期大宗商品价格回升进一步导致上游工业品价格上涨。此外，10 月、11 月份 PPI 涨幅较大也受 2015 年同期基数较低的影响。

1. 国内工业品供求关系调整推动价格回升

从供给端看，部分行业供给减少，或者增速放缓。2016 年钢铁去产能 4500 万吨、煤炭去产能 2.5 亿吨的目标任务在 11 月份已提前完成。为遏制重特大事故的发生，各煤炭主产区强化煤矿安全检查。河北、江苏等地采取措施严厉整治"地条钢"，关停中频炉炼钢等落后产能。加之环保督查执行力度不断加码，煤炭企业执行"276 天"限产政策，钢材、煤炭等行业供给收缩。1～11 月份，全国原煤和焦炭产量分别比上年同期下降 10.0% 和 0.2%。此外，部分工业品价格连续下降到很低水平后，也影响到其供给减少。例如，2015 年 11 月螺纹钢为每吨 2000 元左右，12 月份最低达到每吨 1903 元，不到 2008 年 12 月价格的一半，为 2004 年以来的较低水平，企业亏损严重，也导致部分钢铁企业供应量减少（见图 4－29）。

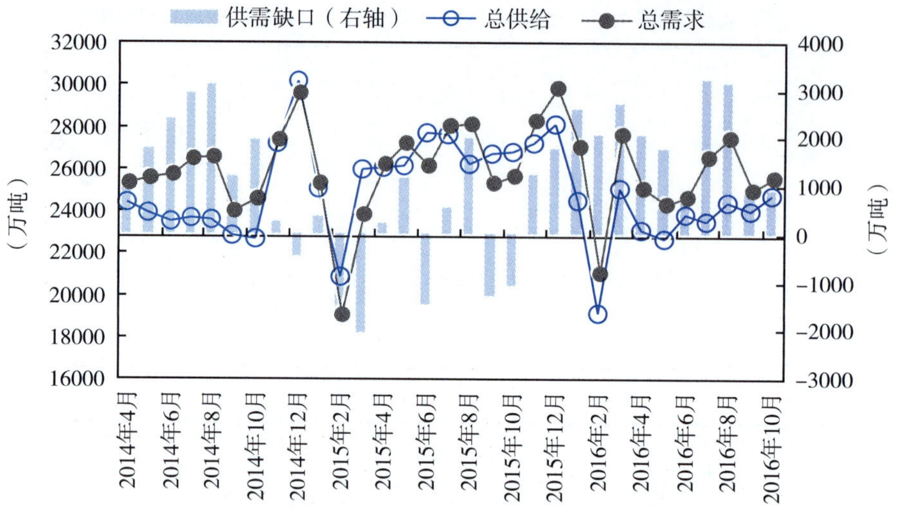

图 4－29　动力煤供求及供需缺口变动情况

资料来源：WIND。

从需求端看，部分工业品的需求持续改善。前期商品房销售旺盛带动房地产开发投资增速趋稳。随着积极财政政策加力增效、重大项目建设加快推进，基建投资增速继续维持相对高位。制造业企业盈利短期改善，部分行业投资有所恢复。汽车销售快速增长带动汽车产量增速加快。投资趋稳和汽车制造增加钢材需求，并影响钢厂增加对原材料和燃料的补库存。此外，今年冬季我国气温偏低，煤耗持续回升。在供给收缩、需求改善的背景下，部分产品供过于求的状况得以缓解，甚至出现短期内煤炭供不应求的情况，煤炭、钢铁、水泥等部分工业品价格出现大幅上涨（见图 4－30～图 4－32）。

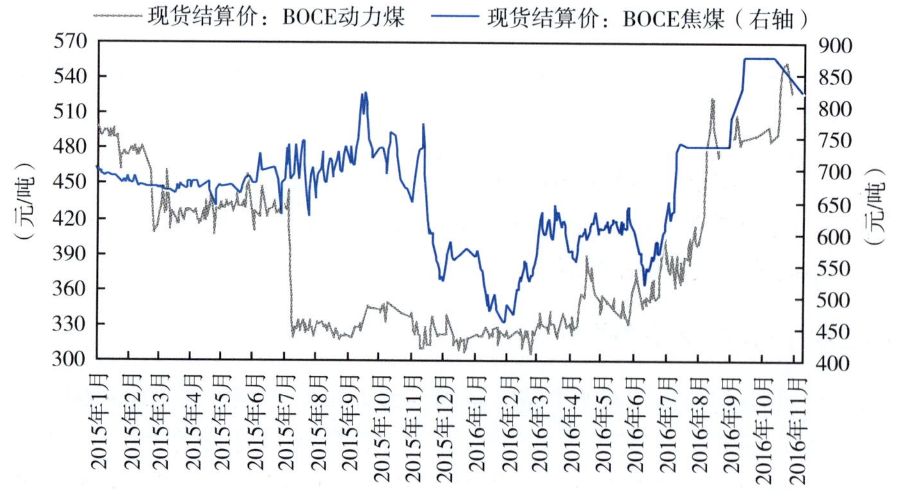

图 4－30　煤炭价格变动情况

资料来源：WIND。

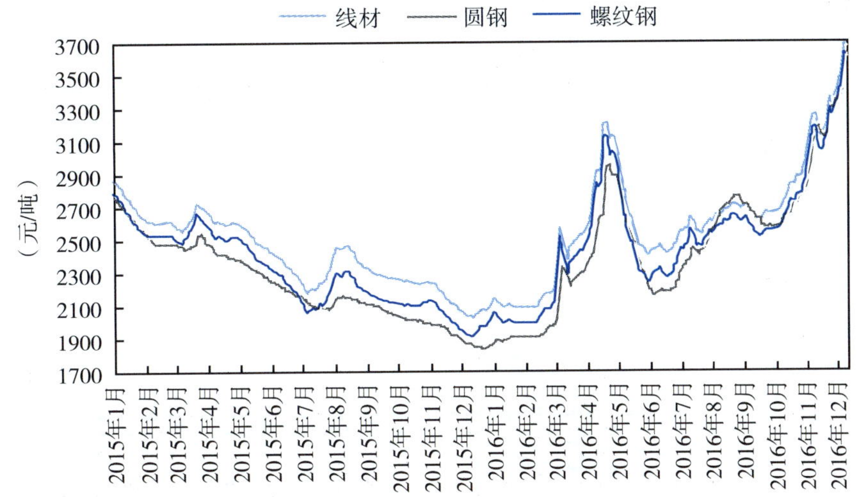

图4－31　钢铁价格变动情况

资料来源：WIND。

图4－32　水泥和玻璃价格指数变动情况

资料来源：WIND。

2. 大宗商品价格回升推动PPI涨幅扩大

2016年3月至6月初，大宗商品价格持续反弹，之后尽管有小幅波动，但受美、日等国经济企稳复苏，全球制造业回暖等因素的影响，10月下旬以来继续回升。与此同时，2016年9月以来，俄罗斯及OPEC国家多次召开会议讨论原油限产措施；11月30日，OPEC各国达成8年来的首次减产协议；12月11日，OPEC与非OPEC产油国达成15年来首个联合减产协议。受冻产预期的强烈影响，石油价格继续回升。考虑到人民币汇率的变化等因素引起的进口产品价格的变化，大宗商品价格上升进一步推动了PPI涨幅扩大

（见图 4 －33）。

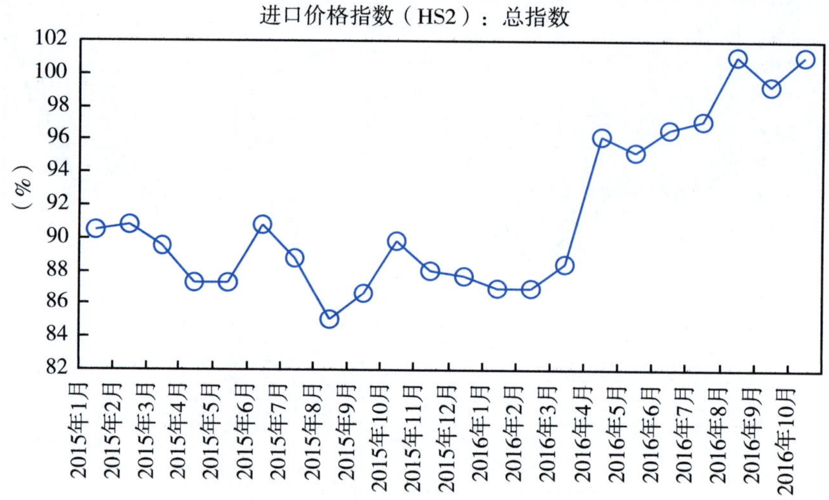

图 4 －33　进口价格指数变化情况

资料来源：WIND。

三、趋势展望

■ 2017年总需求明显扩张的可能性不大，对价格的影响有限。农产品供给条件总体有利，食品价格有可能保持基本稳定。部分工业品短期供应紧张的局面将逐步缓解，价格上涨势头可能逐步减缓。国际大宗商品价格的变化存在很大的不确定性，总体看输入性通胀压力有可能加大。上游价格传导、成本上升及价格改革可能在一定程度上推高价格水平。预计2016年全年CPI上涨约2%，PPI下降1.4%；2017年全年CPI上涨2%至2.3%，PPI上涨2%至3%。

（一）总需求难以明显改善，对价格的拉动作用有限

1. 先行指标显示经济增长显现弱企稳态势

2016年11月份，中采PMI为51.7%，较上月回升0.5个百分点，已连续4个月处在荣枯线之上，并创2014年4月份以来的最高值。财新PMI为50.9%，较上月下降0.3个百分点，但仍处在高位。官方和财新PMI指数均显示经济出现企稳迹象。受统计口径中大中小企业样本不同影响，两大指数再次出现分化，表明不同规模企业改善情况存在差异。

从中采PMI各分项指标看，11月份制造业供需两端均出现好转。在供给端，生产指数为53.9%，较上月上升0.6个百分点，制造业生产持续向好，与近期企业盈利改善有关。在需求端，订单指数和新出口订单指数为53.2%和50.3%，较上月分别回升0.4和1.1个百分点，反映内需与外需同步好转。供需两端不同程度改善，表明制造业出现企稳迹象。

分企业规模看，11月，大型企业PMI为53.4%，较上月大幅回升0.9个百分点；中型企业PMI为50.1%，较上月回升0.2个百分点，再次

回到荣枯线上方；小型企业 PMI 为 47.4%，较上月下降 0.9 个百分点，出现较大幅度回落。受大宗商品价格上行和 PPI 回升影响，大型企业尤其是国有大型矿企改善较大，但中小型企业受益相对有限，尤其是小型企业经营情况并不稳定。

从库存状况看，11 月份，原材料库存为 48.4%，较上月回升 0.3 个百分点，产成品库存为 45.9%，较上月下降 1 个百分点，两指数均处于收缩区间，表示企业去库存格局并没有改变。同时，企业生产经营活动预期指数为 55.5%，较上月大幅下滑 3 个百分点，表明经济企稳的持续性有待进一步观察。

此外，11 月份非制造业商务活动 PMI 为 54.7%，较上月上升 0.7 个百分点，创 2014 年 6 月份以来新高，显示结构调整持续深化。其中，建筑业指数为 60.4%，较上月大幅下滑 1.4 个百分点，项目开工出现减缓。服务业指数为 53.7%，较上月回升 1.1 个百分点，主要受“双十一”等因素影响，业务量出现较快增长（见图 4－34）。

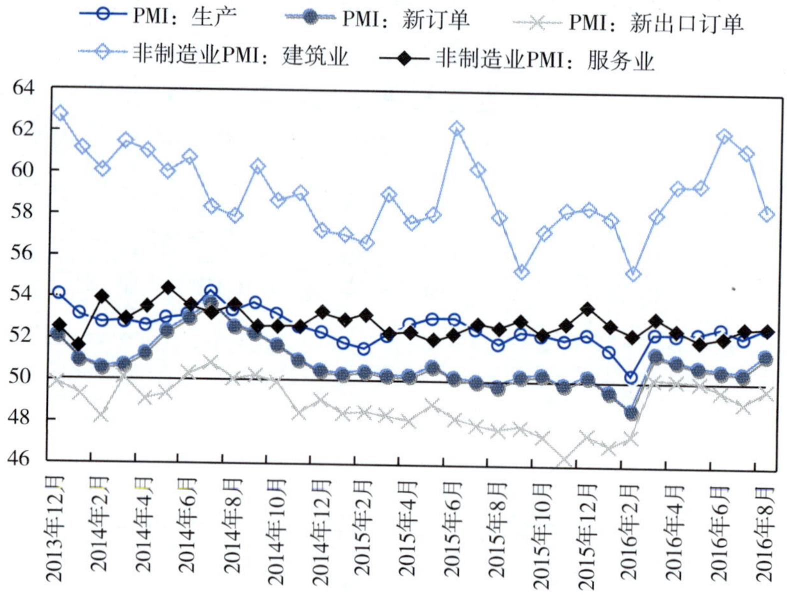

图 4－34　中采 PMI 主要分项指标变动情况

资料来源：WIND。

2. 总需求难以明显改善

（1）固定资产投资增速保持稳定仍有难度。

房地产投资增速可能有所回调。国庆期间，针对前期多地房价快速增长，北京、上海、南京、厦门等 18 个一二线城市密集出台调控政策，大幅提高限购限贷标准，11 月以来，杭州、武汉等部分热点城市调控进一步升级。在政策调控下，房地产销售增速出现高位回落，11 月份 30 个大中城市商品房销售面积同比下滑 25% 左右。根据历史情况，房地产销售增速下滑后，可能在一定时滞后影响房地产开发投资。从其他先行指标看，1～11 月，土地购置面积累计增速同比下降 4.3%；房屋新开工面积累计上涨 7.6%，增速继续放缓，较年中高点回落 13.8 个百分点，也预示未来房地产开发投资可能有所走弱（见图 4－35）。三四线城市库存依然高企，部分城市的库销比甚至超过 30 个月，库存压力依然巨大，消化现有库存是主基调，开发商新增投资意愿不足，房地产开发投资难有起色。不过，为促进房地产市场平稳健康发展，中央经济工作会议提出，要落实人地挂钩政策，根据人口流动情况分配建设用地指标，房价上涨压力大的城市要合理增加土地供应，提高住宅用地比例，盘活城市闲置和低效用地。未来一二线城市土地供应可能有所增加，有利于促进一二线城市房地产开发投资增长，对全国房地产开发投资增长或将有所支撑。

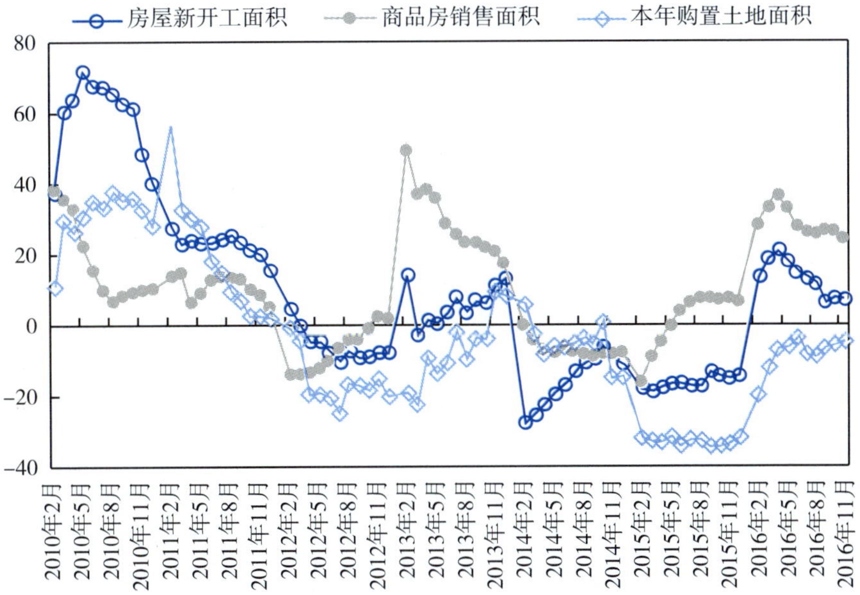

图4-35　房地产销售、新开工以及购置土地情况

资料来源：WIND。

基建投资增速继续维持高位的难度加大。2017年稳增长、调结构的政策将不会改变，一大批基建投资项目将持续推进，政府还将继续推出优质项目，一些城市轨道交通、地铁等也将开工建设，对2018年基建投资形成支撑。

从资金来源看，基建投资增速维持高位具有一定支撑。一是PPP项目将加速落地，根据财政部PPP中心公布数据，2016年9月全部入库项目10471个，总投资额12.46万亿元，其中进入执行阶段的946个，总投资额1.56万亿元，落地率26%。2016年10月份，财政部确定了第三批PPP示范项目，计划总投资额1.17万亿元，超过前两批项目投资总额之和。二是PSL（抵押补充贷款）将继续发力，未来PSL将着力引导中期政策利率水平，为商业银行提供低成本资金，并引导资金流向基建领域，为基建投资提供资金保障。三是专项建设基金持续推进，2016年已下放两批，额度达到1万亿元，以项目资本金、股权投资等方式支持重点项目建设。

但值得注意的是，财政收入增速明显放缓、赤字扩张空间有限、资金来源后续乏力等因素将对基建投资增速提升形成约束。一是财政预算收支矛盾将进一步突出。2016年11月份，全国一般公共预算收入同比增长3.1%，支出增长12.4%，在支出刚性增长趋势下，增速远高于收入，财政赤字的调整可以缓和收支矛盾，但2017年财政赤字超预期上调的可能性较小。二是政府土地收入将减少。随着楼市调控的持续，此前高涨的土地收入将难以为继，土地出让金及增值税、契税等房地产相关税收收入也将有所下滑。三是国家发展改革委调整专项建设债发行方案，由中央财政贴息 90% 调整为分档贴息，可能会影响部分政策项目的积极性。四是地方政府债务不断攀升、部分地方政府融资平台兑付违约将对地方政府融资能力形成制约，影响地方政府基建投资融资资金来源。

制造业投资或将低位企稳，但仍存在不确定性。制造业投资增速经历多年持续回落后，已开始呈现触底回稳迹象。一是企业去产能取得一定进展。前期 PPI 持续 54 个月负增长，在市场机制的作用下，部分经济主体已经退出市场。随着行政主导加快去产能步伐，钢铁、煤炭等行业已提前超额完成 2016 年的去产能任务。二是工业企业利润改善。随着大宗商品价格和 PPI 的持续回升，以及内外部需求逐步改善，工业企业利润增速将持续修复，投资能力回升，有利于促进制造业投资的增长。三是企业融资成本大幅下降。随着名义利率不断下行和工业品价格上升，制造业企业所面临的实际利率降低，将降低制造业企业经营负担。四是高端制造业市场需求旺盛。技术进步和产业结构升级加快，人工智能、机器人、物联网等高端制造业增速将进一步提高，有利于缓冲传统制造业投资增速的下滑。五是制度环境的改善。制造业中大多为民营企业，近期为促进民间投资增长，国家出台了很多政策措施，特别是，2016 年 8 月深改组审议通过《关于完善产权保护制度依法保护产权的意见》，保护各种所有制经济财产权。民营企业产权保护在制度上进一步完善，有利于制造业民间投资的企稳回升。

然而，制造业总体需求不足、产能过剩的矛盾短期内难以根本扭转，PPI 回升和工业企业利润复苏的持续性有待观察，企业成本高、制造业投资外流的问题依然突出，这些因素将对制造业投资增速回升空间形成制约。总体来看，制造业投资增速将低位企稳，但难以大幅回升。

（2）预计消费增速稳中略降。

一是居民可支配收入下滑趋势对消费形成拖累。2016 年以来，城镇居民可支配收入同比增速低于 GDP 增速，前三季度全国居民人均可支配收入增长 8.4%，较上年降低 0.5 个百分点；实际同比增长 6.3%，较上年降低 1.1 个百分点，低于同期 GDP 增速 0.4 个百分点。二是前期房价的大幅上涨及居民部门加杠杆会对未来居民消费形成一定的挤出效应。三是 2017 年房地产销量下滑会对家具、家电、建筑装潢类等消费产生冲击。四是汽车消费增速可能放缓。汽车购置税减半政策于 2016 年年末到期，并于 2017 年起执行 7.5% 的购置税税率，考虑到 2016 年较高的汽车消费基数，2017 年汽车消费可能出现下滑。五是消费升级背景下，传统基本生活消费增速持续回落，新型消费旅游、文化、体育教育等个性化新兴消费模式虽然比较活跃，但体量较小，且在经历爆发式增长后进入平台期，未来对总消费的拉动作用有限。

（3）出口形势难有明显改善。

2017 年出口形势存在有利的一面。一是世界经济将延续温和低速增长态势。根据 IMF10 月份预测，全球经济 2017 年增长 3.4%，比 2016 年回升 0.3 个百分点。二是伴随“一带一路”战略加快落实，对外投资大幅增长有望带动部分商品出口，人民币汇率的变化也有助于提高出口竞争力。

但全球经济和贸易发展存在很大不确定性，反全球化、贸易保护主义、孤立主义和民粹主义盛行等因素的影响在 2017 年可能进一步显现，我国出口形势难有明显改观。从全球经济增长形势看，除美国经济前景相对乐观外，需求不足仍将制约欧元区、日本等主要发达经济体的增长；在美元加息的背景下，新兴经济体的经济增长也存在不确定性。更突出的是，全球贸易增长可能更加困难。自2012年以来，全球贸易增速出现大幅跳水，明显低于全球经济增速，根据WTO的数据，2014年全球商品出口增速为0.25%，2015年大幅下降到-13.2%。特朗普的贸易保护主义可能导致经济全球化遭遇重大挫折，全球贸易保护主义趋势进一步加强，2017年全球贸易增长有可能更加困难。对我国来说，美、欧、日不承认我国市场经济国家地位，特朗普甚至扬言要对中国征收惩罚性高关税，出口形势可能尤其严峻。

（二）农产品价格可能保持基本稳定

1. 猪肉价格拉升食品价格的作用减弱

一是猪肉供给好转。在肉价上涨的带动下，生猪存栏量自2016年2月份以来持续回升，进口猪肉量也明显增加，除季节性因素导致的价格波动外，未来猪肉价格难以大涨。二是本轮猪周期高点或已过去。6月初猪粮比高达11.16，创出自2006年统计数据公布以来的历史新高，随后持续回落，预示着猪周期可能已进入下行周期（见图4-36）。三是猪周期有扁平化的趋势。环保标准严格、散养户大量退出市场、规模化养殖场集中度提高等因素一定程度上弱化了猪周期效应，猪周期的时间可能拉长，波幅可能有所缓和，未来猪肉价格大幅波动的可能性减弱。四是基数效应将拖累未来猪肉价格同比涨幅。2016年上半年猪肉价格大幅上涨，在基数效应的作用下，2017年上半年猪肉价格同比增速或将明显放缓。

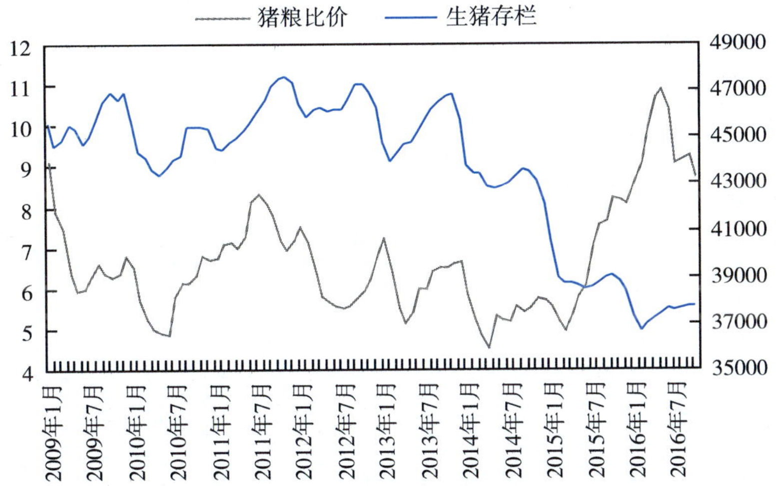

图4-36 猪粮比价和生猪存栏变化情况

资料来源：WIND。

2. 我国粮食价格仍将有可能保持基本稳定

一是未来国际粮价将总体保持相对平稳态势，对国内粮价继续产生抑制作用。根据联合国粮农组织12月8日公布的《谷物供求简报》，由于作物生长状况良好，粮农组织再次上调2016年度全球谷物产量，预计较上年增长1.7%。同时，全球谷物库存将创出历史新高，

2016/2017 年度全球谷物库存量与利用量之比将上升到 25.6%。此外，由于种植面积扩大，2017 年度全球谷物产量将继续向好。在需求稳定、美元升值的背景下，预计 2017 年全球粮食价格将总体保持平稳，难以大涨。考虑到国内粮价普遍高于国际市场，粮食进口数量不断增加，将抑制国内粮价上涨动能。二是国内粮食库存总量持续处于高位。分品种看，我国玉米、小麦、稻谷等品种库存量总体呈逐年上升态势，充足的库存将会抑制粮价上涨。三是国内粮食收购价总体稳定，大部分品种最低收购价稳定不变，早籼稻最低收购价甚至有所下降。从近期平均收购价看，除白小麦价格有小幅升高外，其他品种均保持基本稳定。

（三）国内工业品价格可能呈现冲高回落态势

上游产品的供应将逐渐恢复。伴随煤炭和钢铁等上游产品价格快速上涨，供给逐步恢复。9 月初国家发展改革委启动二级响应，日增加煤炭产量 30 万吨左右，9 月下旬又启动了一级响应，日增加产能规模 50 万吨，放开煤炭生产工作日 276 天的限制，煤炭供给有所恢复。钢铁产量也明显回升，自 9 月份起，同比增速开始由负转正，并逐步上升，2016 年 1～11 月份，粗钢产量累计增长 1.1%，绝对数量仅略低于 2014 年同期，创出自 2000 年以来历史同期的次高点。此外，以铜为代表的十种有色金属产量自年中以来开始逐步加快（见图 4－37）。总体来看，我国传统行业产能过剩的局面仍然存在，煤炭、钢铁行业供给不足应是短暂现象，伴随价格的上涨，主要产品供应量将会恢复。

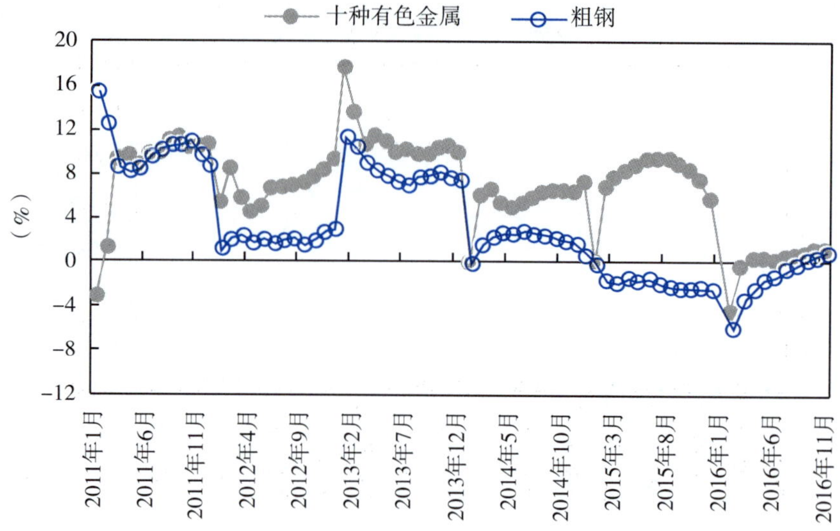

图 4－37　粗钢及十种有色金属产量变化情况

资料来源：WIND。

工业品需求增速可能放缓。10 月份房地产调控政策出台以来，房地产销售面积增速开始放缓、房屋新开工面积增速下滑、土地购置面积仍然持续负增长，预计房地产开发投资增速将有所回落，房地产行业对相关中上游行业的拉动作用将明显减弱。尽管基建投资增速仍将维持高位，但很难完全对冲房地产行业投资下滑带来的对工业品需求的影响。此外，尽管汽车优惠政策在2017年优惠幅度减半后再延续一年，但优惠力度有所减弱，从2009年实施汽车购置税优惠政策以来的历史经验看，其对汽车消费的刺激作用将有所减弱，汽车消费对相关行业的拉动作用也将下降。总体来看，未来以上游为代表的工业品需求可能重新走弱。

综上所述，尽管目前PPI升势较猛，其上升势头还可能延续，但工业品产能总体过剩状况仍然存在，部分工业品短期供给紧张的局面也会逐步缓解。如果仅从国内供求关系考虑，2017年工业品价格持续上涨的动能不足。考虑到2016年初前后的低基数效应，PPI同比涨幅在未来几个月仍可能呈现持续上涨的态势，2017年2季度开始逐步回落。

（四）输入性通胀压力有可能加大

当前，特朗普拟推出的大规模减税和基建等财政政策措施提高了美国经济增长和通胀预期，并引发全球通胀预期上行，这可能引起国际大宗商品价格上行。当然，特朗普的经济政策及其效果还值得观察。在当前复杂的国际政治经济与金融形势下，国际大宗商品价格的变化存在很大的不确定性，波动性升高，通过进出口贸易、汇率等渠道对我国价格的影响可能加大。

原油价格或将小幅震荡上行，但不确定性较大。从需求看，全球经济仍将维持低速增长，原油需求增长缓慢。在供给方面，尽管近期OPEC内部达成了短期减产协议，并得到了俄罗斯等部分非OPEC国家的响应，但各国能否严格遵守减产协议尚未可知。此外，美国页岩油具有迅速增加供给的能力和意愿，油价的回升会推动部分页岩油生产商随时复产，从而压制油价的回升空间。根据美国能源署的数据，自10月份以来，美国原油产量已经开始逐步回升，截至12月2日，较10月初增加了20万桶/日，仍比2015年中的产量高点低91.3万桶/日，未来增产潜力巨大。特朗普上台后如能兑现其能源主张，放宽石油开采限制，大量美国原油可能再度涌入市场，使价格再次下跌。除供需因素外，美国经济前景向好，美联储进入加息通道，美元指数继续震荡上升，由于美元指数与油价负相关，油价上升势头将会受到一定的抑制。

铜、铝等大宗商品价格上涨空间有限。2016年初至11月初，LME铜价、LME铝价分别围绕4700美元/吨、1600美元/吨左右窄幅波动，近期受美国大选后特郎普将大幅扩张基建投资的政策主张刺激，铜价和铝价均有明显上涨。考虑到特朗普的政策尚未正式实施，未来仍充满不确定性，金融市场往往会提前透支未来预期，加之受美元升值的负面影响，未来铜、铝等大宗商品价格上涨空间有限，总体仍将呈震荡格局。

在国际大宗商品价格波动性增强的情况下，人民币汇率变化可能进一步加大国内进口产品价格的上升压力。2016年初以来，人民币对美元汇率有所贬值，由于国际大宗商品以及相当部分进口产品均以美元作为贸易结算货币，从而提高了以人民币计价的进口价格。从2016年3月份起，我国进口价格总指数呈震荡上升趋势，到2016年10月份，较2016年2月份上升了16.2%。可以预计，前期人民币汇率贬值的影响还将有所显现，即使国际大宗商品等价格维持震荡格局，进口产品价格仍有上升压力，或将推动国内相关产品价格上涨。

（五）成本及价格改革因素将对价格涨幅有所影响

1. 上游产品价格对下游产品价格的传导存在不确定性

从过去情况看，PPI 与 CPI 之间的传导关系较弱。尽管我国工业品价格在 2017 年前几个月可能持续较高，但不会带来下游产品价格较大的上涨压力。因为工业品价格上涨主要受上游产品供求调整及基期因素的影响，中下游工业产品的需求没有明显增强，供求关系也没有明显调整，中下游价格还没有明显的变化。此外，相关研究也表明，PPI 与 CPI 之间的传导关系较弱，特别是我国 2011 年 8 月以来，PPI 与 CPI 之间的传导关系更不明显，在居民收入放缓、消费需求较弱的背景下，PPI 上升对 CPI 的影响将较为有限。但如果输入性通胀压力加大，进口价格上升很快，也会对下游产品价格产生较大影响。特别是，通胀预期的变化存在很大不确定性，如果通胀预期增强，也会使上游产品价格对下游产品价格的传导作用增强。

2. 成本因素可能会继续推升价格涨幅

我国劳动力人口呈现下降态势，由此工资的上涨速度超过生产力提高速度，劳动力成本的上升可能直接推高服务的价格，并影响通胀水平。近期一线城市及部分二线城市房价较快上涨势头受到抑制，但租金可能上涨，这会增加整体生活成本和生产成本，影响价格上涨。

3. 价格改革可能继续影响非食品价格上涨

2017 年价格机制改革将继续推进，主要包括完善农产品价格形成机制、理顺医疗服务价格、教育文化和娱乐领域改革等。具体看，国内粮食价格整体高于国际水平，收储压力较大，农产品收购价格改革会在一定程度上引起农产品价格下降，预计 2017 年粮食收购政策改革对价格的影响不显著。教育文化和娱乐领域，公立教育的价格体系逐步完善，民办教育的市场化程度很高，教育文化和娱乐价格改革对 CPI 的影响非常有限。

医疗服务价格改革可能对非食品价格影响较大。在药品价格上，近两年，国家发展改革委全面放开药品价格管制，中、西药价格均有明显上涨。在前期价格上涨较多的情况下，预计 2017 年药品价格继续上升的动力将有所弱化。并且，医疗领域价格改革的方向是理顺药品和服务的价格，把药品中不合理的价格降下来，将取消药品加成，逐步降低大型医用设备检查治疗和检验价格，规范诊疗行为，降低药品、耗材等费用，如果改革得以全面推进，估计药品继续上涨的可能性不大。但医疗服务价格有可能继续上涨（见图 4 - 38）。2016 年 8 月国家发展改革委办公厅下发了《关于贯彻落实推进医疗服务价格改革意见的通知》，要求各地价格主管部门牵头制定医疗服务价格改革实施方案，于 2016 年底前报备发展改革委价格司，并对外发布实施。根据 2016 年 7 月发展改革委等部门制定的《推进医疗服务价格改革的意见》，医疗服务价格改革的主要目标是“到 2017 年，逐步缩小政府定价范围，改革医疗服务项目管理，改进价格管理方式，结合公立医院综合改革同步调整医疗服务价格。到 2020 年，逐步建立以成本和收入结构变化为基础的价格动态调整机制，基本理顺医疗服务比价关系。积极探索建立通过制定医保支付标准引导价格合理形成的机制。”因此，医疗服务价格改革在 2017 年是有计划、分步骤有序推进，导致医疗服务价格在 2017 年大幅上涨的可能性较低。此外，医疗服务价格的上涨也会考虑居民的承受能力。总的来看，医疗服务价格仍有可能上涨，但涨幅不会过大，对整体价格的影响可能较有限。

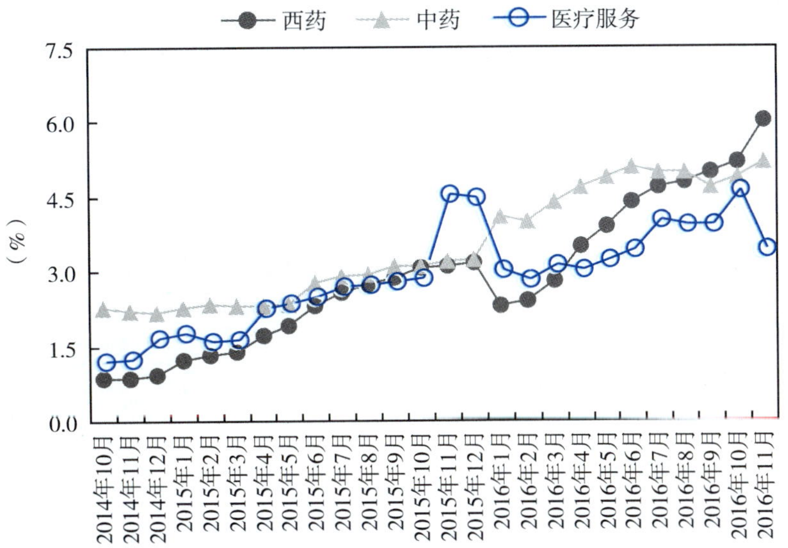

图 4－38　西药、中药、医疗服务价格变化情况

（六）价格变动趋势预测

1. 预计 2017 年全年 CPI 涨幅为 2％至 2.3％

基于以上分析，根据计量经济模型预测，年内 CPI 同比涨幅仍会小幅上升，2016 年全年上涨约 2％；2017 年全年 CPI 涨幅为 2％至 2.3％，上半年较低，下半年较高，当月同比波动性较高（见图 4－39）。

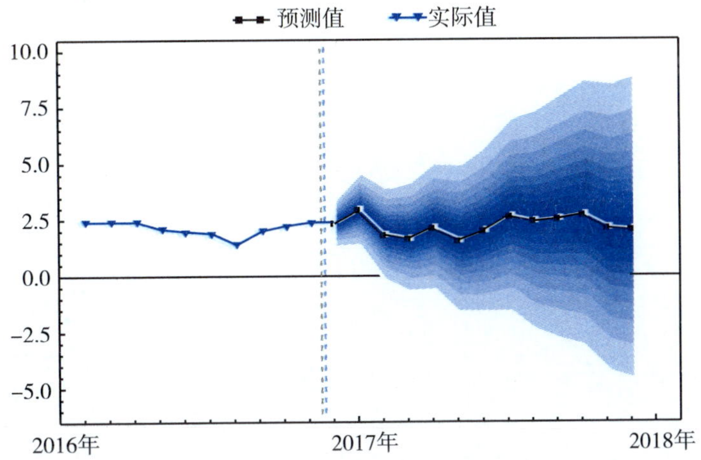

图 4－39　CPI 同比涨幅预测

资料来源：2016 年 11 月及之前数据来源于国家统计局，12 月及之后的数据为作者预测。

2. 预计 2017 年全年 PPI 涨幅为 2%至 3%

预计 2016 年第 4 季度 PPI 同比涨幅约 3.2%，全年降幅在 1.4% 左右。在计量模型的基础上，考虑到我国经济政策的影响，2017 年 1 季度 PPI 可能继续保持较快上涨势头，之后逐步回落。预计 2017 年全年 PPI 涨幅为 2%～3%，呈前高后低态势（见图 4－40）。

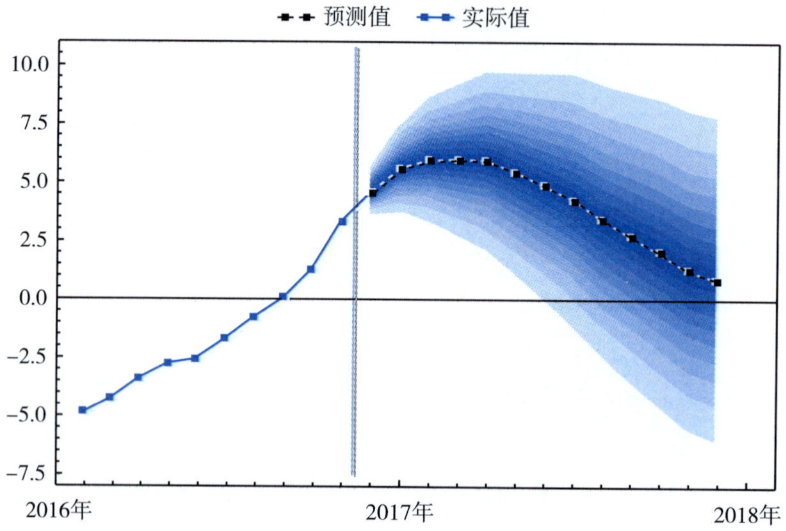

图 4－40　PPI 同比涨幅预测

资料来源：2016 年 11 月及之前数据来源于国家统计局，12 月及之后的数据为作者预测。

四、专题分析

专题一：我国PPI与CPI的传导机制

■ 本文对PPI与CPI的传导关系进行了研究。从统计意义上看，PPI与CPI的交叉部分主要是进入消费环节的工业品，其占各自权重有限，两类价格还包括相对独立变动的部分，因而传导关系并不确定。从经济意义上看，PPI与CPI的关系更具有非线性的特征，非线性Granger因果检验表明，我国主要存在由CPI向PPI传导的“需求拉动型”通胀的特征，PPI向CPI传导不明显；分样本检验结果表明，2011年8月以来，PPI与CPI均不存在明显的传导关系。

（一）引言

消费者价格指数（CPI）和生产者价格指数（PPI）是价格监测分析的重要指标，对于通货膨胀（紧缩）测度、宏观经济预警、经济周期分析等都有重要的参考价值。理论上讲，两类价格指标的运行受经济因素的共同影响，并通过一定的渠道或途径形成联系，它们的变动趋势和波动幅度应该存在某种先后顺序和传导关系，多数情况下，二者应同向变化，只是在时间先后、变动幅度上可能有所差异。各国情况存在差异，我国经验数据表明，短期内，CPI与PPI之间可能出现“背离”甚至“倒挂”等情形，这不免会给宏观调控和通胀治理带来某种困扰。

传统的观点从生产链角度研究PPI与CPI的传导关系。由于PPI代表的是上游生产领域的价格，而CPI代表的是下游消费领域的价格，当原材料等投入品价格发生变动后，会引起中间产品价格相应的变动，进而影响最终产品价格变动，直至影响消费者价格变动（Clark，1995）。这种传导关系被描述为“成本推动型”的传导过程。Silver and Wallace（1980）估计了美国PPI与CPI之间的滞后分布参数，得出了PPI向CPI传导的结论。Cushing and McGarvey（1990）也认为美国的PPI与CPI之间存在单向传导关系，即PPI的变动会传导至CPI，但CPI的变动不会传导至PPI。此外，Furlong and Ingenito（1996），Weinhagen（2002），Kyrtsou and Labys（2006）基于美国的数据也得到了类似的观点。Caporale et al.（2002）对G7国家的研究，Ghazali et al.（2008）对马来西亚的研究以及Sidaoui et al.（2002）对墨西哥的研究也表明存在PPI向CPI传导的过程。

从引致需求理论出发，消费者对最终商品的需求也会决定对中间产品的需求。因此，最终商品价格的上涨也会拉动中间产品价格上涨，表现为CPI向PPI的传导。Colclough and Lange（1982）的研究表明，最终消费品价格的变化会影响到中间产品的价格。而从工资角度，Lown and Rich（1997）论证了CPI的上涨会最终拉高PPI。Akdi et al.（2006）对瑞典、英国和加拿大的研究表明，短期内存在CPI向PPI传导的过程。Tiwari（2012a）和Tiwari（2012b）利用频域法分别对澳大利亚和印度进行研究，表明CPI带动了PPI变动。

现实中也可能存在由"成本推动"和"需求拉动"引起的PPI与CPI的双向传导关系（Jones，1986）。Shahbaz et al.（2009）利用ARDL模型对巴基斯坦的检验结果表明了二者的双向传导关系。Akcay（2011）对德国的数据检验也印证了双向传导关系。但与此同时，由于PPI与CPI关注的产品价格并不相同，两者独立运行的情景也仍可能存在。Dorestani and Arjomand（2006）研究了美国1960～2005年的数据，认为二者在长期内并不存在传导关系。Bustinza et al.（2008）的研究也发现CPI与PPI之间的关系非常微弱。

国内对CPI与PPI的传导关系研究结果并不相同。刘敏等（2005）、蔡风景等（2008）认为PPI领先于CPI的变动，而贺力平等（2008）、董直庆等（2009）、刘凤良和鲁旭（2011）则认为我国的通货膨胀以"需求拉动"型为主，主要存在CPI向PPI传导的关系。此外，也有部分研究认为两者之间存在双向传导机制（张延群，2007；徐伟康，2010；张成思，2010；桂文林和韩兆洲，2011；杨子晖等，2013；朱含蓄和贺本岚，2015）。

相关研究对PPI与CPI传导关系的看法之所以分歧较大，一个重要原因在于，转型期我国经济社会变化较大，不同时期驱动价格波动的主要因素并不相同，影响价格传导的因素也较为复杂，由此导致CPI与PPI的传导机制具有显著的非线性特征。例如，在经济上行阶段，商品市场供不应求，上游产品价格的上涨可能通过生产链迅速向下游传递。在经济下行阶段，由成本上升引起的上游产品价格上涨则可能传递缓慢。此外，货币政策的调整、国际油价波动、宏观政策调控等都可能对价格传导形成非对称非线性影响（Beechey and Österholm，2008；Nobay et al.，2010；Karagianni and Kyrtsou，2015）。

（二）PPI与CPI在统计意义上的区别和联系

理论上，生产者价格指数（Producer Price Index，PPI）涵盖所有产业的生产者价格指数，在我国，通常把工业生产者出厂价格指数简单称为PPI。我国的PPI在大类上分为生产资料和生活资料价格，并进一步分为采掘、原料、加工工业，食品、衣着、一般日用品和耐用消费品7个子类、1702个基本分类，目前覆盖39个工业行业。CPI包括食品烟酒、衣着、居住等8个大类、262个基本分类。

从联系上看，PPI与CPI在统计上的交叉部分主要是进入消费环节的工业品，这部分商品价格相当于批发价与零售价的区别，具有较为直接的从PPI向CPI传导的关系（见表4－1）。而从权重看，作为产成品进入消费领域的生活资料工业品在PPI中所占的比例为25%左右，而消费品在CPI中所占比例约为70%，再剔除未经工业加工的农产品，直接受工业产品价格影响的商品在CPI中所占权重会更低①。

表4－1　　PPI与CPI的构成及联系

	PPI分行业	CPI中的消费品	
以农副产品为原料的产成品	农副食品加工业；食品制造业	食品烟酒：农副产品	第一产业
		食品烟酒：加工食品	第二产业
	酒、饮料和精制茶制造业；烟草制品业	食品烟酒：烟草、酒类	
以工业品为原料的产成品	纺织业；纺织服装、服饰业；皮革、毛皮、羽毛及其制品和制鞋业	衣着	
	木材加工及木、竹、藤、棕、草制品业；家具制造业	生活用品及服务：家用器具	
	医药制造业	医疗保健	
	汽车制造业；铁路、船舶、航空航天和其他运输设备制造业；计算机、通信和其他电子设备制造业	交通和通信	
	文教、工美、体育和娱乐用品制造业	教育文化和娱乐	
	电力、热力的生产和供应业；燃气生产和供应业；水的生产和供应业	居住：水电燃料	
原材料和中间投入品	煤炭开采和洗选业；石油和天然气开采业；黑色金属矿采选业；有色金属矿采选业；非金属矿采选业；造纸及纸制品业；印刷业和记录媒介的复制业；石油加工、炼焦及核燃料加工业；化学原料及化学制品制造业；化学纤维制造业；橡胶和塑料制品业；非金属矿物制品业；黑色金属冶炼及压延加工业；有色金属冶炼及压延加工业；金属制品业；通用设备制造业；专用设备制造业；电气机械及器材制造业；仪器仪表制造业；其他制造业；废弃资源综合利用业；金属制品、机械和设备修理业		

除交叉部分外，PPI与CPI关注的商品价格还存在较大的区别，这部分商品不能简单地看作生产链“上下游”的关系，其变动时间和变动幅度相对独立。首先，PPI中包括了较大比重的原材料和中间投入品价格，尽管原材料和中间产品价格的变动也可能最终引起消费品价格的变动，但传导链条相对复杂，时滞也较长；而CPI包括约30%的服务价格，如医疗服务、家庭服务、衣着加工服务等，服务价格能够相对直接地推动CPI变动，但对PPI的影

① 国家统计局编制的CPI及PPI每5年进行一次基期轮换，并对调查目录及其权数进行较大的调整，同时，每年还进行小的调整，因此各年度商品权重并不相同。最近的一次基期轮换是在2016年初。

响相对间接。其次，CPI 统计了部分进口消费品的价格，而 PPI 则涉及部分出口产品价格，即不进入国内消费市场的部分，受国际国内市场不同因素的影响，这部分商品价格也可能相对独立变动。再次，CPI 统计的是零售价格，PPI 统计的批发价格，即便加工食品以农产品作为原材料，也不能简单说是 CPI 带动 PPI 的变动。零售价格波动较大，而批发价格大多以合同方式订立，价格相对稳定。

总之，从统计意义上看，PPI 与 CPI 构成存在一定的联系，但传导关系并不确定。一方面，统计上存在交叉的商品由于在 PPI 和 CPI 中的权重并不相同，即便相同的价格波动也可能对两类价格指标产生不同的影响，与此同时，批发价格与零售价格的波动程度也可能是不对称的；另一方面，PPI 与 CPI 相对独立变动的部分可能并不存在传导关系，尤其是直接传导关系。

（三）PPI 与 CPI 传导的非线性分析

无论是从经济意义还是从统计意义上，PPI 与 CPI 的关系都更具有非线性的特征，而传统 Granger 因果检验方法关注变量间的线性关系，由此可能因不具备非线性预测能力而导致结论出现偏差（Baek and Brock，1992）。基于此，Hiemstra and Jones（1994）、Diks and Panchenko（2006）提出了用于检验时间序列可能存在的非线性因果关系的非参数统计方法。

本文分别构造 *TVAL* 统计量和 T_n 统计量，对我国 PPI 与 CPI 的传导关系进行非线性 Granger 因果关系检验。首先，本文选取定基月度 PPI（基期为 1996 年 1 月）和定基月度 CPI（基期为 1996 年 1 月）为检验指标，样本期为 1996 年 1 月至 2016 年 11 月。同时考虑到季节性效应，序列采用 X－11 方法进行季节调整，并进行对数变换。

价格时间序列的平稳性检验是后续分析的前提，对 PPI 和 CPI 进行单位根检验。结果表明，PPI 和 CPI 的对数定基序列均为非平稳的一阶单整过程。进一步地，JJ 检验和 EG 检验都表明 CPI 与 PPI 存在长期的协整关系。因此，基于协整检验的分析结果，可以建立 VECM 模型对 CPI 与 PPI 的相互影响关系进行估计，以过滤其相互间的线性依存成分。在此基础上，分别对线性过滤后的残差序列进行非线性的 BDS 检验，其原假设是残差是否服从独立同分布，如果被拒绝，则说明残差存在线性模型所不能解释的非线性信息。为保证检验结果的稳健性，嵌入向量的维数分别取 $m=2$，3，…，6。结果显示，PPI 和 CPI 方程残差的 BDS 检验都在 1% 的显著水平下拒绝残差服从独立同分布的原假设，这意味着 PPI 与 CPI 存在非线性关系。

本文分别构造 Hiemstra and Jones（1994）提出的 *TVAL* 统计量和 Diks and Panchenko（2006）提出的 T_n 统计量，对经 VECM 模型“线性过滤”后的“残差成分”进行检验，检验结果显示，对于 1～8 的滞后阶数，*TVAL* 统计量和 T_n 统计量均不能在 10% 的显著水平下拒绝“PPI 不是 CPI 的非线性格兰杰原因”的原假设。但对于 1～3 的滞后阶数，*TVAL* 统计量在 10% 的显著水平下拒绝“CPI 不是 PPI 的非线性格兰杰原因”的原假设；滞后 1 阶，T_n 统计量在 10% 的显著水平下拒绝“CPI 不是 PPI 的非线性格兰杰原因”的原假设。这意味着在我国通胀的出现更多地呈现出“需求拉动型”的特征，CPI 在一定程度上向 PPI 传导。

从我国 PPI 与 CPI 定基指数的走势看，2011 年 7 月以前，PPI 与 CPI 变动趋势较为一致，但 2011 年 8 月以来，PPI 与 CPI 之间存在较为明显的背离。从影响因素看，2011 年以来影响 PPI 变动的主要方面是生产资料价格的低速增长甚至负增长，而影响 CPI 变动的主要方面是食品价格较大幅度的波动，两类驱动因素在经济上并不存在直接的上下游传导关系。为了进一步考察 CPI 与 PPI 在不同样本期的作用关系，本文将全样本划分为 1996 年 1 月至 2011 年 7 月、2011 年 8 月至 2016 年 11 月两个子样本，分别进行非线性 Granger 因果关系检验。分样本的检验结果显示，在 1996 年 1 月至 2011 年 7 月的子样本区间内，对于 1 ~7 的滞后阶数，*TVAL* 统计量在 10% 的显著水平下拒绝“CPI 不是 PPI 的非线性格兰杰原因”的原假设；对于 1 ~6 的滞后阶数，T_n 统计量在 10% 的显著水平下拒绝“CPI 不是 PPI 的非线性格兰杰原因”的原假设，表明在该子样本区间内，存在较为明显的 CPI 向 PPI 传导的关系。但 *TVAL* 统计量和 T_n 统计量检验结果都表明 PPI 不是 CPI 的非线性格兰杰原因，PPI 对 CPI 的影响并不明显。而在 2011 年 8 月至 2016 年 11 月的子样本区间内，*TVAL* 统计量和 T_n 统计量在 10% 的显著水平下均不拒绝“PPI 不是 CPI 的非线性格兰杰原因”和“CPI 不是 PPI 的非线性格兰杰原因”的原假设，PPI 与 CPI 之间并不存在较为明显的传导关系（见图 4 -41）。

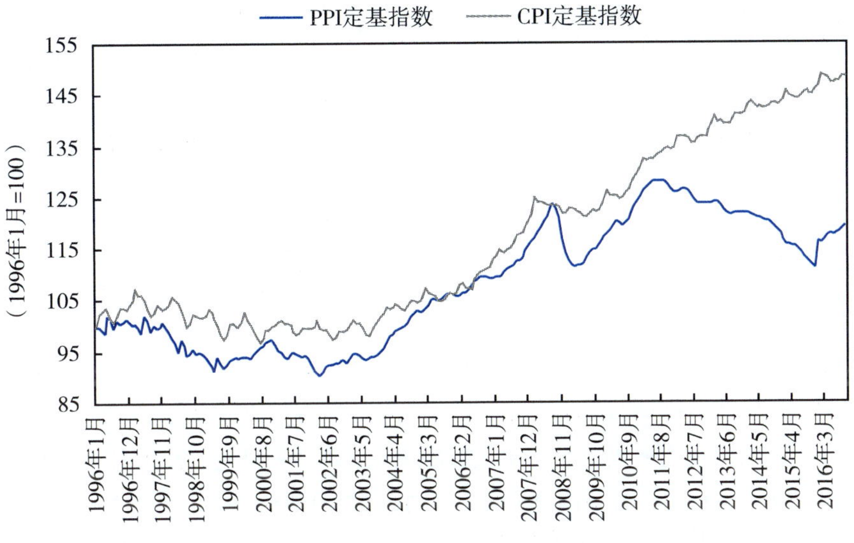

图 4 -41　我国 PPI 与 CPI 定基指数走势

专题二：区域 CPI 变化态势（1～11 月）

2016 年 1～11 月，全国各省（市、区）CPI 同比涨幅震荡上行，东部地区 CPI 涨幅明显高于国内其他地区；中部地区涨幅仅次于东部，其中山西省 CPI 最低；西部地区 CPI 累计涨幅最低，但西藏 CPI 涨幅较高；东北地区 CPI 累计同比波幅最小（见图 4－42）。

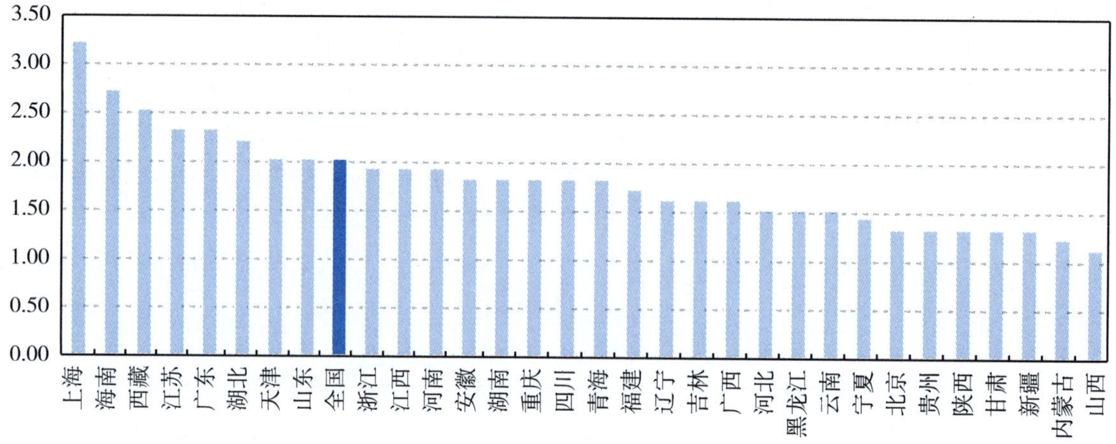

图 4－42　1～11 月全国及 31 个省（市、区）CPI 累计同比

（一）东部地区 CPI 涨幅明显高于国内其他地区

1～11 月，东部、中部、西部和东北地区 CPI 累计同比分别为 2.09%、1.78%、1.57%、1.57%，东部地区明显高于全国其他地区。从月度趋势看，东部、中部、西部和东北地区 CPI 累计同比约在 4 月份达到年度最高点（见图 4－43）。东部 10 省市中，上海和海南 1～11 月 CPI 累计同比远高于全国水平，特别是上海由于房租、劳务服务以及耐用消费品的价格涨幅偏高，使得其 CPI 累计涨幅在全国最高。11 月当月，上海食品烟酒类价格上升 4.4%，居住类价格上升 5.1%，而全国仅为 3.2% 和 2.0%。

（二）中部地区涨幅仅次于东部，其中山西省 CPI 最低

1～11 月，中部 6 省 CPI 累计同比为 1.78%，低于东部地区 0.31 个百分点，低于全国水平 0.22 个百分点。山西 CPI 当月同比和累计同比均在全国最低，分别为 1.5% 和 1.1%，中部其余 5 省份 11 月 CPI 当月同比相差不大，均位于 2.10%～2.50% 之间（见图 4－44）。

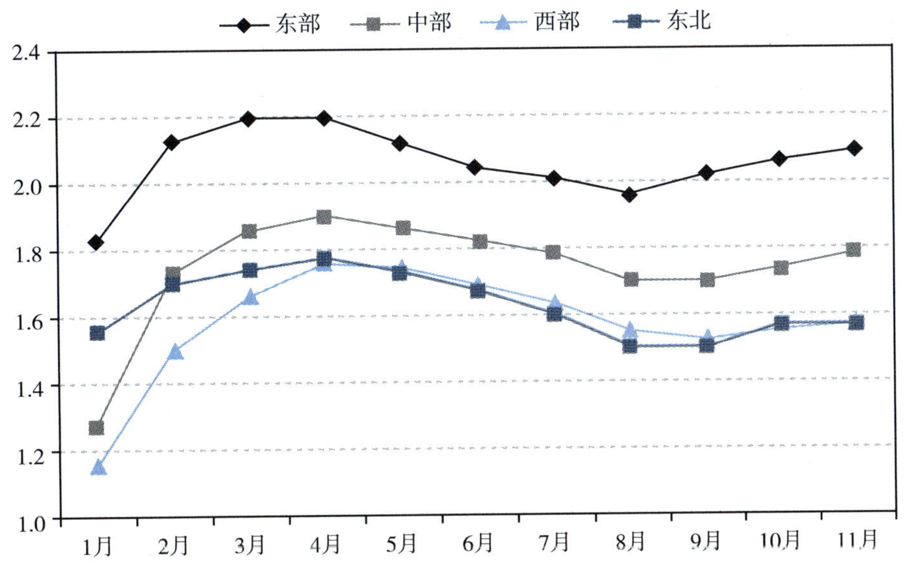

图4-43 东、中、西、东北地区1~11月CPI累计同比

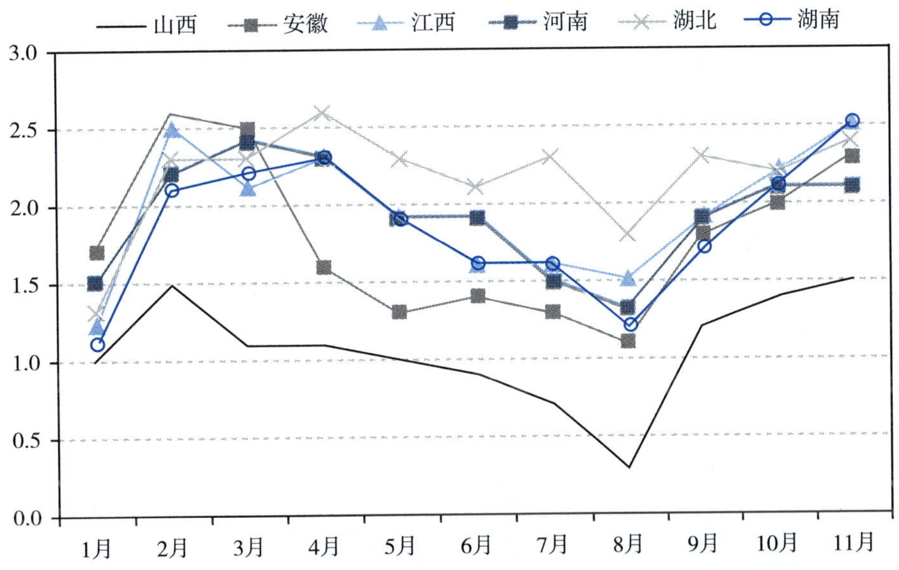

图4-44 中部地区6省市1~11月CPI当月同比

（三）西部地区CPI累计涨幅最低，但西藏CPI涨幅较高

1~11月，西部12省区CPI累计同比为1.57%，低于全国水平0.43个百分点。从西部CPI八大分类看，CPI涨幅主要源于食品烟酒、医疗保健及个人用品、其他用品和服务价格，与全国情况基本一致。特别是西藏，由于1~11月食品烟酒价格累计涨幅较高，达到4.8%，推动了CPI累计同比高于全国水平，达到2.5%（见图4-45）。

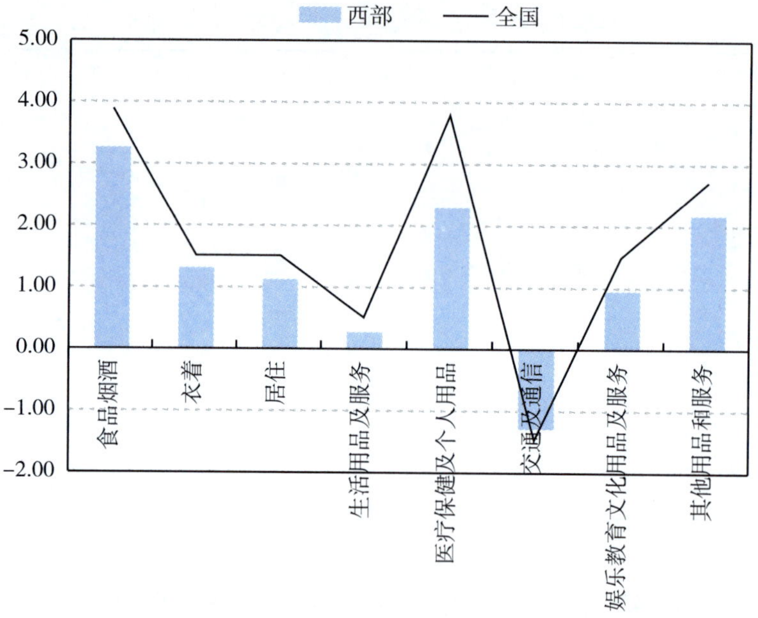

图4-45　西部地区1~11月CPI同比涨幅与全国的分类别比较

(四) 东北地区CPI累计同比波幅最小

东北三省受到供给侧结构性改革任务重、产业升级难度大等因素影响，1~11月CPI累计同比1.57%，与西部地区水平一致；同时，东北三省CPI累计同比的波动幅度较全国其他地区小（见图4-46）。

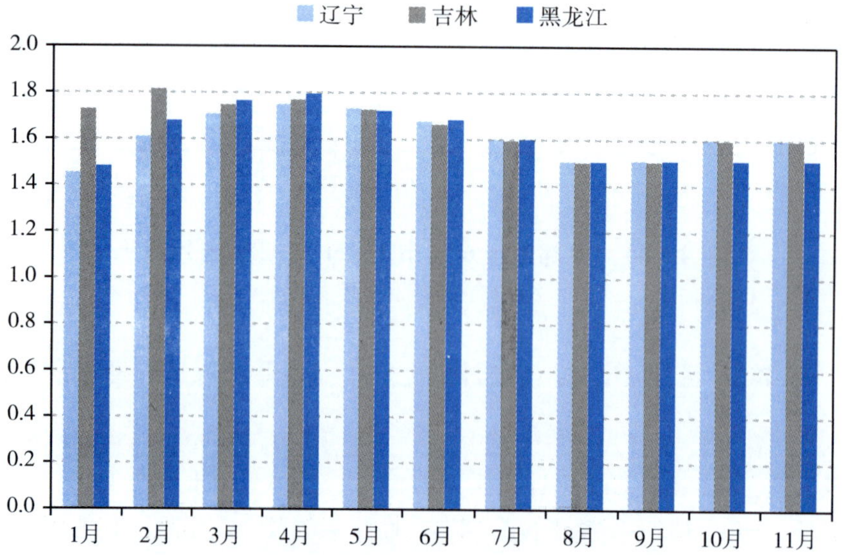

图4-46　东北三省1~11月CPI累计同比

附表　　各机构对我国 2017 年 CPI 和 PPI 预测

预测机构	预测值（2017年全年）		预测值（2017年月度）	
	CPI（%）	PPI（%）	CPI（%）	PPI（%）
信达证券	2.0	1.9		
德意志银行	2.5	—		
平安证券	2.4	3.0		
上海证券	2.2	1.6		
国金证券	2.1	2.3	2.5（1月）	
麦格理投资银行	2.0～2.5	2.0		
中银国际	2.0～2.5	2.0～3.0		
中金公司	1.7	1.9		
方正证券	2.2	2.4		4.0（2月）
银河证券	2.2	—		
招商证券	2.2	1.8		
汇丰银行	1.7	—		
西南证券	2.6	2.8		
联讯证券	1.8	2.5		
摩根大通	2.3	—		
兴业证券	2.0	2.8		
中信证券	1.7	1.6		
东吴证券	2.1	2.3		3.9（2月）
花旗集团	2.6	—		
莫尼塔	2.1	0.3		
东北证券	2.1	2.5		
华泰证券	1.6～2.5	-0.1～3.9	2.5（1月）	
申万宏源	2.0	2.0		
中信建投	1.9	1.5		
国元证券	2.5	1.4		
国泰君安			3.0（1月）	
海通证券			2.5（1月）	4.0（1月）

图书在版编目（CIP）数据

2016 年价格监测分析报告／中国人民银行价格监测分析小组编著．—北京：经济科学出版社，2017.11

ISBN 978－7－5141－8593－5

Ⅰ．①2…　Ⅱ．①中…　Ⅲ．①价格－监测－研究报告－中国－2016　Ⅳ．①F726.7

中国版本图书馆 CIP 数据核字（2017）第 263823 号

责任编辑：齐伟娜
责任校对：杨晓莹
责任印制：李　鹏

2016 年价格监测分析报告

中国人民银行价格监测分析小组

经济科学出版社出版、发行　新华书店经销

社址：北京市海淀区阜成路甲 28 号　邮编：100142

总编部电话：010－88191217　发行部电话：010－88191540

网址：www.esp.com.cn

电子邮件：esp@esp.com.cn

天猫网店：经济科学出版社旗舰店

网址：http://jjkxcbs.tmall.com

固安华明印业有限公司印装

880×1230　16 开　10 印张　250000 字

2017 年 11 月第 1 版　2017 年 11 月第 1 次印刷

ISBN 978－7－5141－8593－5　定价：45.00 元

（图书出现印装问题，本社负责调换。电话：010－88191502）